고질라와 헤엄치다

국립국어원 맞춤법을 따르되, 글맛을 살리기 위해 대화 등 일부는
지은이 고유의 표기를 반영합니다.

고질라와 헤엄치다

운명에 지지 않고 살아내는 힘

신지은
박혜지
이윤지
윤 영
현지영
천민지
유 키
최은혜
김동미
이해윤
희 우

프롤로그

운명에 지지 않고 살아내는 힘

    고질은 오래 앓고 있는, 고치기 어려운 병을 뜻한다. 질병은 고질라만큼 거대한 파도가 되어 평온한 삶을 덮친다. 한마디 경고도 없이 찾아온 장애는 일상을 무너뜨린다. 하지만 생명은 끈질긴 것이어서 우리는 끝내 그것과 함께 살아가는 법을 배우고 만다. 고질라와 헤엄친다는 말은 그래도 삶은 계속된다는 뜻이다. 그래도 희망은 있다는 뜻이다. 한동안 팔을 굽히거나 완전히 펼 수 없었다. 가만히 있어도 통증이 심했다. 이번엔 너구나 싶었다. 오래 썼으니 고장도 나는 거지. 이렇게 마음먹지 않으면 우울할 뿐이다. 나이 들수록 이런 일은 늘어날 수밖에 없다. 선크림을 바르는 것도 양말을 신는 것도 불편하지만 어쩌겠는가. 적어도 참다가 병을 키우진 않으니 조금은 어른스러워진 거겠지. 동네 정형외과는 환자로 가득했다. 내일이 휴진이라니 현명한 선택이었다. 고통을 대하는 기본 스탠스를 탈무드에서 배웠다. "한 다리를 잃으면 나머지 다리가 있음에 감사하라. 두 다리를 잃으면 아직 목이 붙어 있음에 감사하라. 목마저 날아가면 더 이상 걱정할 일이 없으리라." 아픔은 살아있음의 증명일 뿐이다. 오른팔이 아프면 왼팔로 지내는 거다. 턱걸이를 그리 해대니 아픈 것도 당연하다. 의사는 일을 너무 많이 해서 그렇단다. 진단명은 <상세불명의 윤활막염 및 힘줄윤활막염, 요골측부인대의 염좌 및 긴장>이란다. 오늘 당장 싹 낫게 해준다는 의사의 말이 어찌나 든든한지. 링거를 맞고 물리치료를 받는다. 한낮에 침대에 누워 있다니 이것 또한 호사가 아닌가. 오른팔은 쉬게 해주고 왼손이랑 친해질 기회로 삼기로 했다.

동네 과일가게에서 바나나를 사서 집으로 돌아오는 길 수국이 어찌나 탐스러운지. 오늘은 내일이면 떨어질 꽃. 내일은 지금껏 보지 못한 세상. 말썽꾸러기 몸을 이끌고 나아가야지. 갈 수 있는 한 멀리 가야지. 가는 내내 웃으며 걸어가야지. 왼손으로 샐러드를 섞고 밥을 비볐다. 유산균을 털어 넣고 비타민을 꺼냈다. 왼손으로 머리를 감고 몸을 닦고 옷을 걸쳤다. 뭐, 허리가 아작 나 구급차에 실려 가던 때에 비하면 아무것도 아니다. 적어도 내 손으로 밥을 먹고 서툴러도 스스로 씻을 수 있으니. 비록 내리막길을 피할 수는 없을지라도 가파르지 않은 길을 골라 디딜 수는 있을 것이다. 미끄러질 때 버틸 힘과 넘어졌을 때 일어날 힘을 미리 기를 수는 있을 것이다. 운명이 나의 허리를 꺾어도, 팔을 비틀고, 발목을 붙잡아도 나는 감사의 눈으로 세상을 바라볼 것이다. 운명은 건강이나 명예, 재산은 물론 소중한 사람들까지 빼앗아 가지만 매 순간 감사하며 생의 한가운데에 있는 이의 기쁨을 빼앗지는 못한다.

이러한 마음으로 프로젝트를 기획했다. 왜 내게 이런 일이 하필이라 생각하지만 하필이란 단어에는 붓을 들어 글을 쓴다는 의미가 있다. 그런 일이 있었기에 그들은 생의 이야기를 쓸 수 있었다. 그때마저도 지금이라는 꽃을 피우기 위한 순간이었다. 실패가 없었다면 성취감도 없었을 테지. 아프지 않았다면 일상이 기적임을 몰랐을 테지. 두려움을 몰랐다면 괴물이 됐겠지. 상실을 배우지 않았다면 인연의 소중함을 몰랐을 테지. 삶에 일어나는 모든 일에는 의미가 있다. 별이 멀어져야 빛나듯 지난 후에 깨닫게 될 뿐이다. 빗물이 초록을 키우듯 시련이 영혼을 자라게 한다. 사건은 그저 소재에 불과하다. 어떤 이야기로 엮어낼지는 전적으로 자신의 몫이다. 글을 쓴 이들이 자신의 아픔을 납득하길 바랐다. 자신이 걸어온 모든 순간이 승리였음을 깨닫길 바랐다. 읽는 이들이 오늘의 무탈함에 감사하길 바랐다. 공감에서 희망으로 나아가는 이야기를 꿈꿨다.

이곳에 저마다의 아픔을 지닌 사람들이 모였다. 이것은 슬픔이 밀려들 때에도 기쁨을 향해 헤엄친 삶의 이야기다. 아픔을 품고서도 빛을 향해 나아가는 사람들의 이야기다. 장애는 부끄러운 일이 아니다. 질환을 가진 건 잘못된 게 아니다. 투병은 승리의 역사라 믿는다. 나를 드러내지 않고, 자신의 삶을 보여주지 않고 어찌 타인을 위로하는 글을 쓸까. 재채기하듯 내뱉는 어설픈 위로는 누구의 마음도 울리지 못한다. 그들의 삶이 증거다. 그들의 인생이 희망이고 응원이다. 그들 삶의 이야기가 곧 예술이다. 이 책이 세상의 온도를 조금이라도 올릴 수 있길 바란다.

    병은 그들을 정의할 수 없다. 질병은 그들을 구성하는 수만 가지 요소 중 하나일 뿐이다. 그들이 꿈꾸고 사랑한 것들만이 그들의 이야기가 된다. 병 안에 담긴 희망의 메시지를 보라. 그들은 흔들리고 쓰러지면서도 끊임없이 나아갔다. 분명 포기하고 싶은 때도 있었으리라. 한 점의 힘조차 남아있지 않은 순간이 있었으리라. 오열하고 비명을 지르고 발버둥을 치던 나날들이 있었으리라. 그럼에도 그들은 어떻게든 살아남았다. 단 한 번도 패배한 적이 없었단 뜻이다. 그들은 고통을 품고 나아가는 법을 배웠다. 아픔을 묻은 자리에 꽃을 피워내는 방법을 깨달았다. 비틀거리면서도 빛을 향해 나아갔고 휘청거리면서도 기쁨을 찾아냈다. 운명은 생명을 이길 수 없다. 그들은 지금도 파도와 함께 헤엄치며 나아가고 있다. 그들의 이야기 안에서 오늘을 헤엄칠 힘을 얻길 바란다.

기획작가 김 민

프롤로그 005

소리 없는 세상에서 노래를 시작합니다 · 신지은 013

갓생러의 슬기로운 투병 생활 · 박혜지 034

당원병을 아시나요? · 이윤지 055

그 손, 내가 잡아줄게요 · 윤영 078

ㄱㅂ, ㄱㅂ · 현지영 099

너와 내가 그리는 무지개 · 천민지 123

지금은 행복을 봅니다 · 유키	141
싱글맘 디스커버리 · 최은혜	163
계절과 염증 사이 (feat. 헐크 엄마) · 김동미	181
단 한 사람을 위한 아이언맨 · 이해윤	205
또 다른 나와 헤엄치다 · 희우	233
에필로그	256

소리 없는 세상에서
노래를 시작합니다

신지은

평범했던 엄마로서의 삶, 그것만으로도 열심히 살았다고 스스로 칭찬했다. 첫째 아이의 장애를 보살피기 위해 온 힘을 다했다. 내게 찾아온 두 번의 암 투병은 인생을 송두리째 흔들었다. 머릿속이 새카매지고 마음과 심장이 타들어 가는 것 같았다. 이것만 잘 이겨내면 웃는 날도 올 거라고 악착같이 버텨냈다. 비웃기라도 하듯 찾아온 소리 공포증에 자존감은 뿌리째 뽑히고 평범하던 소리마저 일상에서 빼앗아가 버렸다.

공포를 이겨 내기 위해 미친 듯이 책을 읽고 손이 휘도록 필사를 했다. 송두리째 흔들리는 삶 안에 조그마한 들꽃이라도 피우고 싶었다. 두려움이라는 이름. 그 삶 안에 먼지 한 톨의 흔적이라도 남기고 싶었다.

앞으로의 삶을 살아가기 위한 선택으로 남기고 싶은 내 삶의 전부. '나는 글을 쓰는 사람으로 살고 싶다.'

소리 없는 세상에서
노래를 시작합니다

우리 부부는 사이가 좋았지만 결혼 생활 5년이 지나도록 아이가 생기지 않았다. 양가에서 손주를 기다리시는 걸 알기에 마음이 조급했다. 두 번의 유산을 겪었지만, 아이를 갖기 위해 산부인과 불임센터를 다니며 직접 배에다 주사 찌르기를 반복했다. 이런저런 노력과 실패를 거듭하다 잠시 쉼을 가지려고 했던 그때 생각지도 못하게 자연임신이 되었다. 힘들게 얻은 아이를 지키기 위해 온갖 주사란 주사는 다 맞아가며 10개월을 버텼다. 2013년 7월 25일 제왕절개로 아이를 무사히 출산했다. 아이가 생겨 더없이 행복했지만, 육아는 결코 쉽지 않았다. 어린이집을 다니면서 나아지리라 생각했던 발달은 조금씩 느려졌고, 3살이 되어도 언어가 트이지 않았다. 아이 손을 붙잡고 아동발달센터를 다녔다. 발달에 조금이라도 도움을 주기 위해 다닌 것이 임신한 몸에 무리가 되었는지 30주 차를 기점으로 조산기가 왔다. 어떻게든 열 달을 채워보려 했지만 35주 차에 응급수술로 둘째를 낳았다. 친정집에서 몸조리하고 두 달 만에 천안 우리 집으로 올라왔다. 첫째의 발달 센터를 계속 미뤄둘 수 없었고, 무엇보다 어린이집 졸업을 앞두고 있었기에 다른 기관을 찾아야 했다. 번번이 기관으로부터 거절을 당하고 막막하던 때에 발달 센터에서 알게 된 엄마에게 특수교육 대상자 관련 이야기를 들었다. 특수교육 대상자 서류를 준비하면서 장애등록 서류도 같이 준비했다. 아직 언어가 트이지 않은 아이에게 작은 보호막이라도 해주고 싶었고, 아이를 지키기 위한 엄마의 선택이었다. 서류를 제출하고 터덜터덜 걸어가는데 사람이 아무도 없었다. 지나가는 차들의 시끄러운 소리 때문에 울어도 아무도 듣지 못할 거란 생각에 펑펑 울었다. 아이에게 '장애'란 글씨를 새겨버린 것 같아 미안했고 그런 선택을 할 수밖에 없는 내가 밉고 또 안쓰러워서 울었다. 현관문을 열고 들어오니 아이들이 나를 보며 방긋 웃는다. 아이들의 해맑은 미소를 보며 너희를 위해 최선을 다해 살아보겠다고 맹세했다.

둘째 아이를 낳고 첫째 아이를 챙기다 보니 정신없이 1년이 지나갔다. 정기적으로 하던 암 검진 날이 되었다. 염증은 좀 있지만 괜찮다고 하셨고, 혹시 모르니 6개월 뒤에 방문해서 확인은 해보는 게 좋겠다고 이야기를 하셨다. 검진 이후 알게 모르게 잦아진 출혈로 마음이 좋지 않았다. 남편과의 관계 때마다 출혈량도 급격히 늘어나서 마음이 불안했다. 왠지 모를 찜찜한 기분이 들었지만 대수롭지 않게 생각하고 산부인과에서 검사를 진행했다. 결과가 의심스러우셨는지 다시 검사를 받아보는 게 좋겠다고 하시며 조직검사와 함께 혈액검사도 받아보라고 하셔서 둘 다 진행했다. 검사 결과는 생각한 것보다 더 좋지 않았다. 6개월 전만 해도 염증이라고 했던 결과는 조직검사에서 암으로 발견되었다. 결과가 믿기지 않아서 검사 결과지와 의뢰서를 부탁해 대학병원으로 날려갔지만, 결과는 바뀌지 않았다. "암 맞네요. 일단 원추 절제술 해서 병부가 어느 정도까지 퍼져 있는지 보고 그다음 판단합시다." 난 무슨 말인지 하나도 못 알아들었다. 정신이 나간 상태였다. 신청서를 받아들고서야 비로소 이게 현실임을 실감했다. 그 순간 머릿속에 떠오른 건 아이들 얼굴이었다. 망설일 시간이 없다. 아이들을 위해서라도 살아야 한다. 곧바로 날짜를 잡고 원추 절제술을 받았다. 일주일 후 결과를 듣기 위해 다시 병원을 찾았다. "결과만 말씀드리자면 자궁경부 선암 1기 후반에서 2기로 넘어가는 시점으로 보여요. 절제술만으로는 완치할 수 없고 자궁과 나팔관은 절제하는 게 좋을 것 같습니다. 난소는 열어봐야 알 것 같아요." 결과를 듣고서 서러워 엉엉 울었다. 수술 전날 남편 품에 얼굴을 묻고 펑펑 울었다. 하지만 그 눈물은 살아내기 위한 눈물이었다. 병원에 입원 하자마자 수술에 들어갔고 잠들었다가 깨어보니 병실이었다. 의사 선생님께서는 "일단 떼어낼 수 있는 건 다 떼어냈으니 괜찮을 거로 생각합니다. 진행이 빠른 암이 아닌데 6개월 만에 그렇게 됐다는 게 의문이네요. CT 상엔 괜찮았으니 안심하시고 고생하셨어요." 그래도 겉으로 드러나지 않는 선암인데 빨리 발견하고 수술로 마무리가 된 것에 감사했다. 올해로 나의 액땜도 끝났으리라.

이듬해 봄, 사랑스러운 첫째, 우리 꼬북이 아들이 유치원 특수반에 입학했다. 선생님과의 1대1 언어 수업이 가능해지면서 아이가 할 수 있는 말도 늘어갔다. 아이가 5살이 되어 처음으로 "엄마!"라고 부르던 그 순간에는 온 세상 기쁨을 다 안은 것 같았다. 일상생활에 적응시키기 위해 갖은 노력을 다했다. 버스 안에서 서는 게 불가능했던 아이에게 균형감각을 익히게 하려고 아이를 들쳐 안고 버스 타기를 반복했다. 발에 예민한 감각을 줄이기 위해 감각통합 선생님과 함께 발 마사지를 병행하고, 까슬까슬한 촉감이나 털에 예민한 아이였기에 옷과 양말에 특히 신경을 썼다. 특수 선생님께서도 꼬북이 아들의 장·단점을 잘 보완해서 보살펴 주셨다. 생활 패턴이 온통 꼬북이 아들에게 맞춰져 있었기에 둘째 토끼 아들과 라포 형성을 제대로 하지 못했다. 엄마와의 관계 불안이 원인이 되어 둘째 아이의 눈에 깜빡임이 시작되고, 나중에는 안면 근육까지 일그러지며 증상이 심해졌다. 모든 게 내 잘못인 것만 같았다. 그 무렵 남편의 지인이 강아지 입양 의사를 물었다. 남편은 강아지를 데려오는 데 찬성했고, 꼬북이 아들은 살아있는 것이라면 싫어하는 게 없는 녀석이다. 토끼 아들은 망설이는 듯했지만, 강아지라면 괜찮을 것 같다며 찬성했다. 강아지 케어까지 맡게 될 엄마는 반대했지만, 다수결에 의해 우리 집에 강아지가 입양 오게 되었다. 입양하러 가기도 전에 아이들이 이름을 붙여서 수컷인데도 불구하고 강아지의 이름은 순아씨가 되었다. 순아씨를 데려오는 날 무릎 위 패드에서 초롱초롱한 눈빛으로 내 배에 찰싹 달라붙어 있는 모습이 사뭇 귀여웠다. 밥을 주는 것은 물론, 목욕을 시키고, 배변 패드를 갈아주고, 털을 깎아주는 것까지 온통 내 몫이었지만 그래서였을까? 순아씨는 집에서 날 제일 잘 따랐다. 잠도 내 곁에서만 잤다. 동물을 무서워했던 토끼 아들은 순아씨를 키우면서 엄마와 이야기 하는 것도 많아지고 눈틱도 완화되었다. 꼬북이 아들은 원래도 동물을 좋아해서 그런지 정서가 좀 더 안정되면서 엄마에게 달라붙는 행동이 줄어들었다. 무엇보다 늘 아이를 데리고 이리 갔다 저리 갔다 하느라 마음에 여유 한 점 없던 내게 순아씨는 유일하게 곁을 지켜주고 마음을 기댈 수 있는 벗이 되어 주었다.

시간이 흘러 탈도 많고 말도 많았던 꼬북이 아들의 유치원 졸업식이 되었다. 3년을 함께 하며 꼬북이 아들의 발전을 옆에서 지켜보셨던 실무 선생님은 끝내 눈물을 보이셨다. 베이지색 코트에 검은 바지, 빵 모양 졸업 모자를 쓰고 얌전히 앉아 있다가 자신의 이름이 불리자 강단으로 올라갔다. 교장 선생님께 졸업장을 받는 아이의 모습이 어찌나 기특하고 자랑스러운지. 유치원에 입학했을 때 울고불고하던 모습을 생각하면 이렇게 성장한 아이의 모습이 믿기지 않았다. 선생님들께 연신 감사 인사를 드리고 지난 시간을 이야기하며 함께 울고 웃었던 꿈만 같은 하루였다. 기쁨도 잠시, 내게 또 한 번의 어둠이 찾아왔다. 1년마다 하는 산부인과 검진을 받고 집을 나선 김에 유방갑상선 센터도 방문했다. 산부인과에서 받았던 피검사 결과가 찜찜해서 잔뜩 긴장한 상태로 검진을 받았는데 아니나 다를까! 초음파상 두 개의 종양이 발견되었다. 하나는 수술할 수 없어서 항암을 하며 방사선 치료를 받아야 한다고 했다. 자궁암으로 끝난 줄 알았건만 이번엔 유방암이라니! 억장이 무너지는 것만 같았다. 왜 내게만 이런 불행이 닥치는 걸까. 내가 도대체 무슨 죄를 지었다고! 엎친 데 덮친 격으로 그 무렵 코로나 사태가 심각해졌다. 팬데믹이니, 비대면이니, 입학 연기니 하는 낯설고 날선 말들이 엄마들 사이에서 오가기 시작했다. 결국 항암치료를 받으면서 두 아이의 교육까지 도맡아야 했다. 꼬북이 아들은 온라인 학습을 받을 수 없었기에 한글과 숫자 읽기를 손수 가르쳐야 했다. 입원과 퇴원을 반복할 수 없는 상황이라 항암을 알약으로 대체하고 꼬북이 아들에게 집중하기로 했다. 어떻게 지나갔는지 기억조차 없는 두 달이었다. 마침내 5월 27일 꼬북이 아들이 초등학교에 입학했지만 3일 동안 아무것도 할 수 없었다. 아이를 보내면서 신신당부를 하지만, 교실에서 돌발 행동이나 하지 않을까 하는 걱정에 내 마음은 온통 학교에 가 있었다. 1학년 5반 담임 선생님은 남자분이셨는데 섬세하시고 친절하셨다. 카톡으로 집에서 찍은 수업 영상을 올리면 항상 답글을 달아주셨다. 꼬북이 아들의 숙제를 해서 보내면 선생님께서 꼼꼼히 숙제 검사를 해주시고, 칭찬 스티커도 붙여주셨다. 암 투병으로 약해진 몸과 뒤늦게 깨달은 아이의 기억 문제로 인해 본인도 마음이 깨졌다는 걸 몰랐는데 선생님께서 먼저 알아보시고 심리 상담을 받을 수 있도록 도움을 주셨다. 상담 시간이면 정말 잘하고 있다며 격려를 아끼지 않으셨다. 아이가 숫자를 읽고 쓰기를 할 수 있게 된 것은 선생님의 부단한 노력이 아니었다면 불가능했으리라.

항암치료와 꼬북이 아들의 학습, 토끼 아들의 학교 적응기를 마치면서 한 발짝 성장했다고 생각했다. 2023년 3월에 떠난 제주도 여행에는 부천 엄마와(시어머니) 도련님, 우리 네 식구가 함께였다. 첫날에는 부천 아버지 묘소에 들렀고 둘째 날에는 자동차 박물관을 구경했다. 승마체험 시간에는 엄마도 아이처럼 신나셨고 아이들은 한 번 더 타고 싶다고 아우성이었다. 카트라이더를 타고 신나게 달리는 아이들 모습을 영상으로 남겼다. 철저히 아이들 위주의 여행이었지만 수목원에 피어있는 예쁜 꽃과 나무 사이를 산책한 시간은 너무나 평화로웠던 선물 같은 시간이었다. 적어도 비행기를 타기 전까지는 즐거웠다. 돌아오는 비행기 안에서 낯선 공포감이 찾아왔다. 손이 저릴 만큼 주먹을 꼭 쥐고서 어서 집에 도착하기만을 기도했다. 그저 피곤해서 그런 줄 알았다. 몸이 좋지 않아 그런 줄 알았다. 어쩌다 생긴 일이라 생각했다. 며칠 동안은 아무 일도 없었다. 화창한 봄날이었다. 돌연 유리창을 쇠로 긁는 것 같은 소름 끼치는 소리가 내 귀에 선명하게 꽂혔다. 너무 두렵고 소름 끼쳐서 귀를 막고 주저앉아 버렸다. 빨리 그 자리에서 벗어나고만 싶었다. 그날 이후 세상의 모든 소리가 내게는 두려움이 되었다. 꼬북이 아들의 발달 센터는 어떻게 데리고 갈지, 토끼 아들의 피아노 학원은 어떻게 가야 할지 막막하고 간절한 마음으로 머릿속을 더듬다 번뜩 생각난 것이 귀마개였다. 손으로 귀를 막은 채 편의점으로 달려갔지만, 너무 튀었다. 사람들이 알아보는 게 죽기보다 싫었다. 인터넷을 뒤져 이어폰 모양의 귀마개를 찾아냈다. '그래, 이거면 아무도 모를 테지.' 귀마개가 오기 전까지 집안에서 식자재와 생필품을 주문 배송으로 해결했다. 귀마개를 끼기 시작하면서 몇 개월 사이에 소리 공포증과 폐소 공포증, 대인기피증, 우울증, 불면증, 공황장애까지. 병원에 있는 약이란 약은 모조리 처방받았다. 생활의 모든 것들이 바뀌었다. 그래도 시간은 흘러갔고 친구와 특수학교 견학 가기로 했던 날이 되고 말았다. 전철역에 들어서는 순간부터 이미 몸이 부들부들 떨리고 손이 저릴 만큼 힘이 들어가고 식은땀과 이명까지. 겨우 도착한 성환역에서 친구를 만났다. 친구 차를 타고 이동하던 중에 호흡곤란까지 와 도로 한가운데에서 차를 세웠다. 신경안정제를 먹고 진정시키는 동안 친구가 말없이 나를 안아주었다. 친구 어깨에 얼굴을 묻고 펑펑 울었다.

계속 이렇게 살 수는 없었다. 소리 없는 세상에 갇혀 죽기는 싫었다. 친구의 권유로 독서포럼에 참여했다. 4월 16일. 집을 나서는 순간부터 두려움이 밀려들었다. 사람들의 시선이 내게 꽂히는 것만 같았다. 부들부들 몸을 떨면서도 결국 도서관에 도착했다. 무서워서 벌벌 떨면서도 책을 소개하고 내가 쓴 글을 읽었다. 그 순간 낯선 사람들 앞에 서있는 나 자신을 마주했다. 다음날부터 죽기 살기로 책을 읽었다. 손가락이 부르트도록 필사를 했다. 그러다 『지은이에게』란 책을 만났다. 다정한 문장에 위로받다가 작가를 찾아보았다. 작가는 글쓰기에 깃든 치유와 성장의 힘을 나눈다고 자신을 소개하고 있었다. 그가 진행하는 하루한줄 마음 쓰기에 참여하며 내 안에 있는 아픔을 꺼낼 수 있었다. 그는 '쓰다 보면 알게 된다.'고 했다. 머릿속 생각은 주머니 속의 구슬과 같다고 했다. 꺼내보기 전에는 색깔도, 형체도, 개수도 알 수 없는 거라고, 글쓰기는 우리의 마음과 생각, 그리고 삶을 번역하는 일이라고 했다. 말로 설명할 수 없는 기분은 있어도 글을 써서 이해할 수 없는 감정은 없다고 했다. 글쓰기에 필요한 재능은 용기와 끈기뿐이라고 했다. 나를 위해 '쓴' 순간이 쌓이면 당신의 삶은 보다 근사해진다고 했다. 그가 운영하는 <몽클 라이팅 클럽>에서 마침내 한 꼭지의 원고를 완성했다. <시작과 끝, 널 지키기 위해 한 약속>이라는 제목의 글이었다.

6월 마지막 주 서울국제도서전이 열린다고 했다. 이런 내가 서울까지 과연 갈 수 있을까? 과연 내가 그 공포를 이겨낼 수 있을까? 사람 많은 곳을 견딜 수 있을까? 기차를 탈 생각만 해도 우주 너머로 던져지는 기분이 들었지만 아주 잠깐만이라도 작가를 만나고 싶었다. 어떻게 이동했는지 기억도 나지 않는다. 코엑스에 도착하자마자 화장실로 달려가 먹은 것을 게워냈다. 입을 헹구고 출판사 부스를 찾았다. 김민 작가님과 함께 사진을 찍고 사인을 받았다. 단 5분이었지만 난 그곳에서 민들레 홀씨를 만났다. 다시 희망을 보았다. 그때 알았다. 암을 친구삼아 살아가듯 소리 공포증도 내 일부라는 것을, 귀마개도 내 몸의 일부일 뿐이라는 걸 말이다. 사람이 사는 이유는 정말 별거 없었다. 하고 싶은 일을 해나가는 것, 자신을 조금씩 사랑해가는 것, 사랑하는 이들과 이야기하며 살아가는 삶이면 꽤 괜찮은 인생 아닌가? 귀마개를 꼈다는 것 이외에는 똑같았다. 내게 좌우명은 하나뿐이었다. "그럼에도 불구하고 할 수 있다." 살아가기 위해 되뇌던 문구였고, 할 수 있다는 바람을 담은 문구였다. 나는 지금도 소리 공포증과 함께 살아가고 있지만, 귀마개를 친구 삼아 조금 다른 평범함으로 한 걸음씩 나아갈 수 있다고 믿는다.

소리 없는 이곳에서
나는 나만의 노래를 시작하려 한다.

소리 공포증

큰 소리를 무서워하는 유형의 공포증이다.

누군가의 목소리나 큰소리에 대한 두려움을 느끼며

크고 강한 소리에 민감하게 반응한다.

소리 공포증 증상

- 소리 공포증을 가진 사람들은 소리에 대한 과도한 두려움과 불안을 느낄 수 있다.
- 크고 강한 소리에 민감하게 반응하고 소리를 피하고자 회피 행동을 보인다.
- 공공장소를 피하거나 소음이 없는 환경을 찾으려 한다.
- 심장박동이 증가하거나 숨이 가빠지고, 식은땀이 나기도 하며 이명이 나타날 수도 있다.
- 과도한 스트레스와 긴장 상태를 유발하여 소음이 많은 곳에서의 일상 활동에 제약이 생길 수 있고, 친구들과의 모임이나 공공장소에서의 활동 참여를 꺼리기도 한다.
- 큰소리를 극도로 두려워하며, 메스꺼움, 현기증, 기분의 급격한 변화, 공황발작 등이 나타나기도 한다.

소리 공포증 치료법

1. 노출 요법

통제된 환경에서 불안을 일으키는 자극 중 가장 약한 것부터 시작하여 서서히 자극에 노출해가며 단계를 높이며 인지 재활을 통해 적응 훈련을 하여 공포감을 해소할 수 있다. 자극에 노출이 된 경우 충분히 휴식을 취하고 해당 자극을 피할 수 있는 상황이라면 충분히 피하는 것도 좋은 방법이다. 이 경우에는 정신과를 방문하여 진료를 받는 것이 도움이 되고 약물 및 비약물 치료를 병행하면서 호전을 시킬 수 있다.

2. 대화 요법

공포 반응을 유발하는 요인, 근본적인 원인, 공포에 좀 더 이성적으로 대응하는 방법에 대해 정신 건강 전문가와 상담을 통해 줄여나가는 방법이다.

3. 약물치료

소리 공포증은 불안장애 중 하나이기 때문에 불안과 공포를 줄여줄 수 있는 약물을 투여한다. 항불안약이나 항우울제 등의 약물이 사용될 수 있다. 얼마나 심각하고 얼마나 자주 다른 사람들과 어울리는가에 따라 약물도 달라진다. 시설에서 치료받거나 자가치료기법(ex. 귀마개 사용)을 배우거나 의사가 처방한 약물을 복용한다. 의도적으로 소리를 차단하고 충분한 수면과 가벼운 운동 등으로 스트레스를 줄이는 것도 도움이 된다.

갓생러의 슬기로운
투병 생활

박혜지

박혜지

1990년 인천에서 태어났다. 현재 12년차 IT기업 인사 담당자로, 백말 띠답게 쉬지 않고 열심히 달려왔다. 하지만 결혼 6개월 차, 서른세 번째 생일 전날 급성 백혈병 진단을 받았다. 2022년 10월 치료 종료의 기쁨도 잠시, 2024년 5월 백혈병 재발 진단을 받았다.

원치 않았던 멈춤의 시간, 투병 과정의 희로애락을 블로그에 기록하기 시작했다. 글을 쓰며 지금까지의 삶이 하나님의 은혜와 많은 사람의 사랑 덕분임을 깨닫게 되었다. 투병 이전의 삶이 앞만 보며 달려온 시간이었다면 이제는 옆도 보고 뒤도 보고 나만의 속도로 천천히 나아가며, 이웃을 사랑하는 삶을 살고 싶다.

갓생러의 슬기로운 투병 생활

갓생러, 암 환자 되다

2022년 2월부터 원인 모를 두통과 발열이 있는 날이 많아졌다. 코로나가 한창 유행이던 시기라 검사를 여러 번 했지만, 코로나도 독감도 아니었다. 별일 아니라고 생각하며 일상을 보내고 있었다. 모처럼의 휴일이라 남편과 에릭 요한슨의 사진전을 보러 63빌딩에 갔다. 사진을 감상하던 중 갑자기 숨을 쉬기가 어려워졌다. 바닥에 털썩 주저앉았고 온몸에서 식은땀이 비 오듯이 쏟아졌다. 한참을 앉아서 숨을 고르고 일어섰지만, 몇 발짝 걷는데도 어지러웠다. 시야가 희뿌옇게 흐려졌다. 그 이후로도 이유 모를 고열과 어지럼증이 계속되었다. 조금만 걸어도 숨이 차고 힘들었지만 회사 업무와 부동산 공부로 바쁘다 보니 잠시 체력이 떨어진 거겠지. 대수롭지 않게 여겼다. 정밀검진은 안 해도 좋으니, 빈혈검사라도 받아보라는 남편의 성화에 못 이겨 병원을 찾았다. 간단한 검사를 마치고 병원을 나선 지 몇 시간이 지나지 않아 벨 소리가 울렸다. 내일 병원에 다시 오라는 전화였다. 의사 선생님은 혈액암일 가능성이 높으니 곧바로 혈액 내과가 있는 큰 병원으로 가라고 했다. 당황할 새도 없었다. 일단 모두 예약하고 가장 빨리 진료 볼 수 있는 병원으로 달려갈 계획이었다. 회사에도 이 사실을 말씀드려야 했다. 대표님은 진심으로 걱정하시며 서울대병원을 추천해 주셨다. 3월 22일 서울대병원에서 첫 외래 진료를 받았다. 혈액 수치가 좋지 않으니 하루빨리 입원해야 한다고 했다. 정확한 진단은 골수검사 결과를 봐야 알 수 있다고 했다. 하지만 병실이 좀처럼 나지 않아 초조한 날들을 보냈다. 서러워 펑펑 울면서도 혈액암일 가능성이 높다는 소견을 인정할 수 없었다. 오진일 거라고, 골수검사 결과가 나오기 전까지는 모르는 거라며 자신을 위로했다. 4월 12일, 서른세 번째 생일 전날 급성 골수성 백혈병 진단을 받았다. 믿을 수 없었다. 눈물이 멈추지 않았다. 현실을 받아들일 새도 없이 환자복을 입은 채 병실에 눕게 되었다. 머릿속에서 '죽음'이라는 단어가 떠나지 않았다. 4월 13일, 생일 선물로 히크만 카테터를 받았다. 히크만 카테터는 항암제를 안전하게 투여하기 위해 중심 정맥에 삽입하여 심장 가까이 이어지는 고무관이다. 백혈병도 위험군이 나뉘는데 예후가 좋지 않고 재발 우려가 큰 고위험군이라고 했다. 항암치료뿐 아니라 조혈모세포 이식을 해야 완치를 바랄 수 있다고 했다. 그날부터 며칠 동안 죽음을 앞둔 사람처럼 병상에 누워만 있었다. "혜지야 너무 피곤해 보여." 엄마에게, 친구들에게, 주위 사람들에게 무수히 들었지만, 늘 무시했던 그 말이 떠올랐다. 고단한 갓생러였다. 엄마는 내가 10살이 되던 해 나와 동생의 손을 이끌고 집을 나왔다. 불우한 가정환경과 여드름 심한 얼굴이 콤플렉스였다. 극심한 열등감을 동력 삼아 미친 듯이 공부했다. 좌우명은 불광불급(미치지 않으면 미치지 못한다.)이었다. 스무 살이 되자마자 경제적으로 독립했다. 왕복 4시간 거리를 통학하면서도 과외 아르바이트를 3~4개씩 뛰었다. 통학하는 지하철 안에서 과외 준비와 학교 과제를 했다. 동아리, 학술단체, 교지편집부, 복수전공도 하고 교환학생도 다녀왔다. 2014년 1월, 사회생활을 시작했다. 여의도에 위치한 IT기업이었다. 왕복 3시간이 넘는 거리를 통근하면서도 퇴근 후 시간을 이용하여 자기 계발에 힘썼다. 직무 전문성을 키우기 위해 인사 직무 커뮤니티를 열 개 넘게 참여했다. 그런데도 채워지지 않는 공허함이 있었다. 2020년 친구의 소개로 지금의 남편을 만났다. 따뜻한 안식처가 되어준 사람이었다. 2021년 11월 우리는 결혼했다. 결혼하자마자 내 집 마련을 목표로 부동산 공부를 시작했다. 백혈병 전조증상이 나타났던 3월에도 기어코 부동산 임장을 다니던 나였다.

백혈병 투병 블로거가 되다

암 진단 후 한동안은 잠을 이룰 수 없었다. 밤낮 가리지 않고 병에 대해 수십 번, 수백 번 넘게 검색했다. 남편과 엄마는 마음만 약해진다고 말렸지만, 도저히 멈출 수 없었다. 5년 이상 생존율, 일반적인 치료과정 등 다양한 정보를 알게 됐다. 그러나 가장 많이 봤던 것은 내 또래 혈액암 환자들의 투병 블로그였다. 어쩌면 이 불행이 나한테만 찾아온 것이 아니라는 사실을 확인하고 싶어 그들의 투병기를 찾아 헤맸는지도 모르겠다. 같은 병을 앓고 있는 내 또래의 환우만이 오롯이 내 마음을 이해해 줄 수 있다고 생각했다. 사랑하는 가족도 지금의 내 처참한 심정을 차마 헤아릴 수 없으리라. 그래서 투병 블로거 A 님과의 만남이 그토록 반가웠는지도 모르겠다. 그가 같은 병원 혈액종양내과 병동에 입원했다는 사실은 알고 있었지만 만날 기회가 없어 아쉬워하던 중이었다. A 님이 백혈구 헌혈 요청 글을 올리셨다. O형 백혈구가 필요한 같은 병동 환자를 대신해 올린 글이었다. 마침 남편이 O형이었다. 백혈구 헌혈을 위해 병동 복도에서 A 님을 만났다. 새하얀 피부의 A 님은 표정이 밝았다. 힘든 상황 속에서도 미소를 잃지 않는 모습이 인상 깊었다. 그는 내 상황을 물어보며 진심 어린 응원을 해줬다. 나도 A 님처럼 씩씩하게 이겨내야겠다고 다짐했다.

그렇게 전우가 생겼다. 마음가짐이 달라졌다. A 님은 입원 생활과 다양한 투병 정보를 블로그에 공유했다. 블로그는 같은 병을 가진 사람들이 응원과 위로를 주고받는 소통 창구였다. A 님 이외에도 많은 백혈병 블로거분을 이웃으로 등록했다. 나 혼자만 외롭게 싸우는 게 아니라는 사실에 큰 힘을 받았다. 나도 익명의 힘을 빌려 블로그에 글을 올리기 시작했다. 나인 줄 아는 사람이 없었기에 더 자유롭게 속마음을 털어놓을 수 있었다. 내 아픔을 진정으로 이해하는 사람들의 한마디 응원의 힘은 실로 강력했다. 그들과 소통하는 과정에서 기독교인 환우들과도 이어져 감사 일기를 쓰는 단체 카톡방에 들어갔다. 매일 감사했던 일들을 짧게 공유하는 방이었다. 가끔은 투병 이야기나 기도 요청 글이 올라올 때도 있었다. 우리들의 감사 제목 중 가장 자주 등장하는 것은 "무탈한 하루"였다. 크게 아프지 않으면 무탈한 날이었고 아주 작은 것도 우리에게는 큰 감사 제목이 되었다. 투병 생활이 마냥 고통으로만 점철되어 있지 않음을 깨달았다. 힘겨움 속에도 감사와 기쁨이 깃들어 있었다.

소통이 감당할 수 없는 슬픔을 안겨줄 줄은 몰랐다. 어느 날부턴가 B 님이 단체카톡방에 글을 올리지 않았다. B 님도 결혼한 지 얼마 되지 않아 백혈병 진단을 받은 환자였다. 단톡

방 운영자가 그의 부고를 전했다. 그녀의 죽음을 전해 듣고 짐승처럼 울었다. 왜 그렇게 울었을까. 그녀의 기도 요청에 성실하게 임하지 못한 날들이 떠올랐기 때문이었다. 홀로 남겨진 그녀의 배우자에게 내 남편의 모습이 겹쳤기 때문이었다. 그제야 배우자를 잃은 사람의 마음을 감히 상상해 보았다. 당사자가 겪는 두려움과는 다를 테지만 그 역시 내가 짐작조차 할 수 없는 무서움이라는 생각이 들었다. 미안함, 두려움, 안타까움, 슬픔, 온갖 감정의 파도가 밀려들었다. 근황이 올라오지 않는 투병 블로그가 있어 들어가 보면 가족이 부고를 전하는 경우가 빈번했다. 가깝지 않은 이웃의 부고에도 마음이 아팠지만, 각별하게 마음을 나누던 이들을 잃었을 때의 슬픔은 감당할 수조차 없었다. 정신적 고통은 마음의 병이 되었다. 불면증이 심해졌고 먹고 있던 약의 각성 작용이 더해져 현실과 상상을 구분하지 못하는 상황에 이르렀다. 이상한 말과 행동이 반복되자 가족들은 나를 정신건강의학과로 데려갔다. 조울증 증세라고 했다. 주위 사람들에게 평소의 나라면 하지 않을 말들을 했다. 한 달 뒤에야 '나'를 자각할 수 있었다. 부끄러움이 몰려왔다. 일일이 해명하고 싶었지만 그럴 여유가 없었다. 그냥 아픈 사람이니 약의 부작용으로 그랬나보다, 너그러이 이해해 주길 바랄 수밖에 없었다. 비몽사몽간에 2023년을 맞이했다. 한동안 블로그에 어떤 글도 쓰지 못했다.

노인처럼, 때로는 아이처럼

항암치료를 받을 때마다 최소 한 달은 입원해야 해서 답답할 때가 많았다. 면역력이 낮은 상태라 병동 밖을 나갈 수 없었다. 내가 움직일 수 있는 세상은 병실과 병동 복도가 전부였다. 창이 있긴 하지만 창살 없는 감옥이었다. 바깥 공기를 마시고 싶었다. 하지만 그럴 수 없어 창문 가까이에 가서 하늘을 봤다. 창문 밖 걸어 다니는 사람들을 보며 하염없이 부러워했다. 퇴원해서도 자유로운 외출은 어려웠다. 면역력이 낮아 사람 많은 곳은 피해야 했고, 다리 근육이 빠져 걷기가 힘들었기 때문이었다. 집 앞 5분 거리도 나갈 수 없는 내가 안쓰러웠다. 독거 어르신의 마음을 조금이나마 이해할 수 있었다. 사람을 만나고 싶고, 좋은 곳에 놀러 가고 싶은데 외출은 외래진료

보러 가는 병원이 전부였다. 아흔 살 할머니의 몸이 된 것 같았다. 세 걸음만 걸어도 숨이 차고 발목 관절이 쑤셔왔다. 친구들도 보고 싶었지만, 집으로 찾아와 주지 않으면 만날 수 없었다. 움직일 수 없는 나를 위해 기꺼이 달려온 마음이 어찌나 고마웠던지. 외할아버지가 생전에 왜 그렇게 집에 자주 놀러 오라고 하셨는지 그제야 알 것 같았다. 고령에 코로나 시국이라 할아버지는 오랜 기간 외출을 하지 못하셨다. 댁에 찾아뵈면 그렇게 좋아하실 수가 없었는데 좀 더 자주 오라는 바람을 들어드리지 못했다. 할아버지의 마음을 너무나 늦게 알아버렸다. 사무치게 사람이 그리운 그 마음을, 누군가가 나를 찾아줄 때의 기쁨을, 그 반가움이 사람을 살게 만든다는 사실을.

노인이 된 것 같은 동시에 아이가 된 것 같았다. 누군가의 도움 없이는 할 수 있는 것이 별로 없고, 보살핌을 받아야 했다. 2022년 10월 모든 치료가 종결되어 퇴원했다. 낮에는 집에서 혼자 생활했는데 갑자기 걸을 힘이 없어져 방에서 방으로 이동하는 것조차 하지 못했다. 화장실을 갈 수도, 밥을 혼자 차려 먹을 수도 없었다. 바닥에 엉덩이를 대고 몸을 질질 끌며 이동했다. 그제야 나는 혼자 생활할 수 있는 몸이 아님을 깨달았다. 그 길로 엄마 집에서 지냈다. 엄마가 매 끼니를 챙겨주고, 함께 산책했다. 그렇게 가족의 세심한 보살핌을 받으며 조금씩 회복해 나갔다. 어린아이가 커가면서 스스로 할 수 있는 것을 늘려가듯이 차근차근할 수 있는 것을 늘려나갔다.

죽다 살아났습니다

가장 극한의 고통을 느낀 것은 1차 조혈모세포 이식 당일이었다. 자정부터 숨이 찼고, 흉부에 통증이 생겼고 공황까지 함께 왔다. 나흘 동안 8시간도 자지 못했다. 앉았다 일어서기만 해도 심박수가 90에서 150까지 치솟았다. 모니터링 기계에 경고 알람이 수시로 울렸고 그 소리에 불안이 더 상승하는 악순환이었다. 더 미칠 노릇은 심전도 검사부터 동맥혈 검사까지 온갖 검사를 해도 원인을 찾지 못한 거였다. 호흡 자체가 힘들어졌다. 죽을 것 같은 공포감에 오열하다가 과다 호흡이 몇 번이고 찾아왔다. 이런 상태가 지속되니 죽는 편이 낫겠다는 생각을 처음으로 했다. 정신건강의학과 선생님과 면담도 했으나 약 처방은 계속 늦어졌다. 엄마와 함께 울면서 주위에 기도 요청을 했다. 하나님께 살려달라고 간절히 기도했다가 이렇게 고통스럽게 하실 거면 하늘나라로 데려가 달라고 빌었다. 9월 23일 오후 4시 모든 증상이 갑자기 사라졌다. 9월 20일은 조혈모세포 이식을 통해 새로운 삶을 살게 된 날이자 죽음을 가장 가깝게 느꼈던 날이었다.

참 귀한 것

병명을 들은 날부터 죽음을 묵상했다. 내가 죽으면 어떻게 될까? 나에게 10억이 있다고 한들 특실에서 생활하는 거 이외에 무엇이 있을까? 돈도 죽음 앞에서 아무것도 아님을 알았다. 투병하면서 죽음과 죽을 것 같은 육체적·정신적 고통과 싸웠다. 그 싸움 속에서 끊임없이 생각했다. 중요하고 가치 있는 것, 고통 속에 기쁨이 되는 것, 감사함이 되는 것. 나에겐 진심이 담긴 따뜻한 말 한마디였다. 함께 기도해 준 마음, 병원과 집으로 찾아와 준 마음, 주저하지 않고 카톡과 전화로 전하는 응원, 위로되는 찬양을 전해준 것, 의료진의 보살핌, 가족의 간호, 지정헌혈 해주신 마음이었다. 100억, 아니 1,000억을 준다 해도 바꾸지 않을 값지고 귀한 가치는 그런 것들이었다. 평생 갚아도 메우지 못할 은혜였다. 그런 것들이 사람을 살게 하는 거였다.

아픈 사람도 행복할 수 있다

투병 생활을 하면서 위로받고 힘을 얻었던 유튜브 채널이 있다. 삐루빼로, 루게릭병을 앓고 있는 수빈 님의 일상을 담은 브이로그 유튜브다. 이 유튜브를 통해 처음으로 루게릭병을 알게 되었고, 아픈 사람도 행복할 수 있다는 희망을 품게 되었다. 수빈 님과 가족 분들은 병과 싸우면서도 항상 웃음을 잃지 않는다. 작은 일에도 웃고 가족을 자신의 몸과 같이 사랑한다. 그래서 보기만 해도 힐링이 된다. 아프기 전에는 남동생과 연락을 거의 하지 않았다. 만나도 대화가 거의 없었다. 투병이 시작되고 우리 남매는 마음을 표현하기 시작했다. 동생은 삭발한 내 머리를 보고는 자신도 머리를 밀었다. 짧아진 머리를 보니 코끝이 찡해졌다. 그는 간절히 기도해 주었다. 첫 번째 조혈모세포 이식 후에는 퇴원을 축하한다며 따뜻한 겨울 점퍼도 선물해 주었다. 동생의 마음이 어찌나 따뜻했던지. 2024년 7월, 동생의 조혈모세포를 이식받았다. 동생은 조혈모세포 채취를 위해 촉진제를 맞아 근육통으로 고생하는 와중에도 누나의 안부를 가장 먼저 물었다. 이식받은 누나가 크게 아파하지는 않을까 노심초사했다. 동생의 걱정을 덜기 위해 내 상황을 실시간으로 공유하며 우리 남매는 점점 가까워졌다. 엄마와 남편의 무조건적인 사랑에 대한 감사를 어찌 말로 표현할 수 있을까. 남편 역시 첫 진단을 받았을 때 동생과 함께 머리를 밀고 나타났다. 그 이후로 한 순간의 틈도 없이 헌신적으로 간병해 주었다. 엄마 역시 간이침대에 쭈그려 자면서도 힘든 내색 하나 없이 정성을 다했다. 먼 곳에 사는 시부모님께서도 살뜰히 응원해 주시며 투병 생활에 필요한 물건과 음식을 챙겨 보내주셨다. 나에게도 이런 기적이 일어나는구나. 아픔 가운데에서 서로를 더욱 의지하고 사랑하게 되는 기적. 엄마에게 삐루빼로 영상을 보여주다가 어느덧 우리 가족도 삐루빼로의 행복한 가정을 닮아가고 있다는 생각에 더없이 감사했다. 암 환자도 행복할 수 있다. 아니다. 암 환자가 되고서야 비로소 가족의 소중함과 가족이 아픔 가운데에서 하나가 될 수 있음을 깨달을 수 있었다. 나는 지금 행복하다.

부르시는 그날까지

4월은 잔인한 달이다. 2022년 4월 백혈병 진단을 받았는데, 2024년 4월 골수 생착률 검사에서 나와서는 안 될 수치가 나왔다. 첫 번째 조혈모세포 이식으로 0%가 되었던 내 유전자가 2.7%나 나온 것이다. 정확한 진단을 위해 골수검사를 받아야 했지만, 의료 대란으로 계속해서 미뤄졌다. 5월 초, 원인 모를 고열로 응급실에 입원했다. 혈액종양내과 병실로 이동했고 골수검사를 받았다. 5월 9일 백혈병 재발판정을 받았다. 항암치료와 조혈모세포 이식을 또다시 받아야 했다. 하나님이 나를 버리신 것 같아 기도조차 나오지 않았다. 앞으로도 언제든 재발할 수 있다고 생각하니 싸울 마음조차 생기지 않았다. 많은 사람들의 헌신적인 기도와 응원 덕분에 조금씩 기운을 차릴 수 있었다. 그분들의 기도와 위로가 있었기에 치료과정을 무사히 이겨낼 수 있었다. 2년 전과는 비교할 수 없을 정도로 고통이 적었던 건 그들이 건넨 마음이 일으킨 기적이었다. 2024년 8월 말 모든 치료가 종결되었다. 또다시 연약한 몸이 되었지만 매일 운동하여 지금은 20분을 거뜬히 걸을 수 있다.

사람이 참 간사하다. 살아만 있게 해달라고 기도한 게 엊그제 같은데, 일상에 익숙해지며 불평불만이 나올 때도 많다. 그런데도 죽음 문턱까지 갔다 와보니 지금까지 살아온 것도 은혜와 기적이었음을 고백하게 된다. 아침에 눈을 뜨면 살아있음에 감사하다. 죽음은 여전히 무섭다. 가끔은 죽음에 대한 두려움으로 잠 못 이룰 때도 있다. 그래도 하나님께서 하늘나라로 부르시면 그 또한 감사로 받아들이고자 한다. 그렇지만 오늘도 기도한다. 더 살고 싶다고. 나에게도 40대, 50대, 60대가 있으면 좋겠다고. 예전에는 늙음을 반기지 않았는데 지금은 사랑하는 사람과 오래 할 수 있기에 나이 드는 것도 축복이라 생각한다. 얼마 전 교회에서 투병 생활 가운데 받은 하나님의 은혜를 간증했다. 간증과 함께 부른 찬양은 '하나님의 부르심'이었다. 그래, 하나님의 부르심에는 결코 실수가 없을 거다. 가장 올바른 길로 나를 이끄시고 계실 거다. 삶의 기한이 언제까지일지 모르지만, 사랑에 빚진 자로서 사랑과 은혜를 흘려보내는 통로가 되고 싶다. 하나님께서 백혈병을 주신 이유를 다 알 순 없지만 그 또한 주님의 선하시고 완전한 계획이라 믿기에 오늘 하루도 기쁨으로 살아낸다.

백혈병 정의

백혈병은 혈액 또는 골수 속에 종양세포(백혈병 세포)가 출현하는 질병이다. 그중에서도 급성백혈병은 백혈병 세포의 종류에 따라 급성골수성백혈병과 급성림프구성백혈병으로 나뉜다. 정상적인 골수 기능의 마비로 심각한 면역기능 저하와 출혈 경향이 나타난다. 치료받지 않는 경우 수개월 이내에 사망하는 질환이다.

백혈병 일반적 증상과 검진

초기 증상으로 빈혈로 인한 피로, 쇠약감, 안면 창백이 있고 혈소판 감소로 인해 멍이 들고, 코피가 나거나, 잇몸에 출혈이 있을 수 있다. 또한 면역기능의 저하로 인한 감염으로 발열 등의 증상이 나타나며 식욕부진과 체중감소가 나타난다. 일반적으로는 혈액검사를 통하여 빈혈, 백혈구 이상, 혈소판 감소 등이 있는가를 확인하고, 간단한 신체검사를 통하여 림프절 종대, 간종대, 비장종대 등의 유무를 확인해야 한다.

백혈병 일반적 증상과 검진

1) 한국혈액암협회 (KBDCA)

혈액질환 및 암 환자들의 올바른 투병 생활을 위해 투병 정보 및 다양한 지원 사업을 제공하는 비영리 공익법인

홈페이지 https://www.kbdca.or.kr/main.php

유튜브 https://www.youtube.com/@KBDCA

네이버 블로그 https://blog.naver.com/kbcainfo

2) 한국백혈병환우회

백혈병, 골수형성이상증후군, 재생불량성빈혈, 악성림프종, 다발성골수종 등과 같은 혈액질환 환자를 돕는 NGO 단체

홈페이지 https://www.leukemia.kr/

유튜브 www.youtube.com/@leukemia2002

네이버 카페 https://cafe.naver.com/leukemia

네이버 블로그 https://blog.naver.com/el00479

3) 김대영의 혈액사랑

혈액내과 전문의가 혈액질환 환우들과 일반인을 대상으로 쉽게 설명하는 유튜브 채널

유튜브 https://youtube.com/@bloodlove

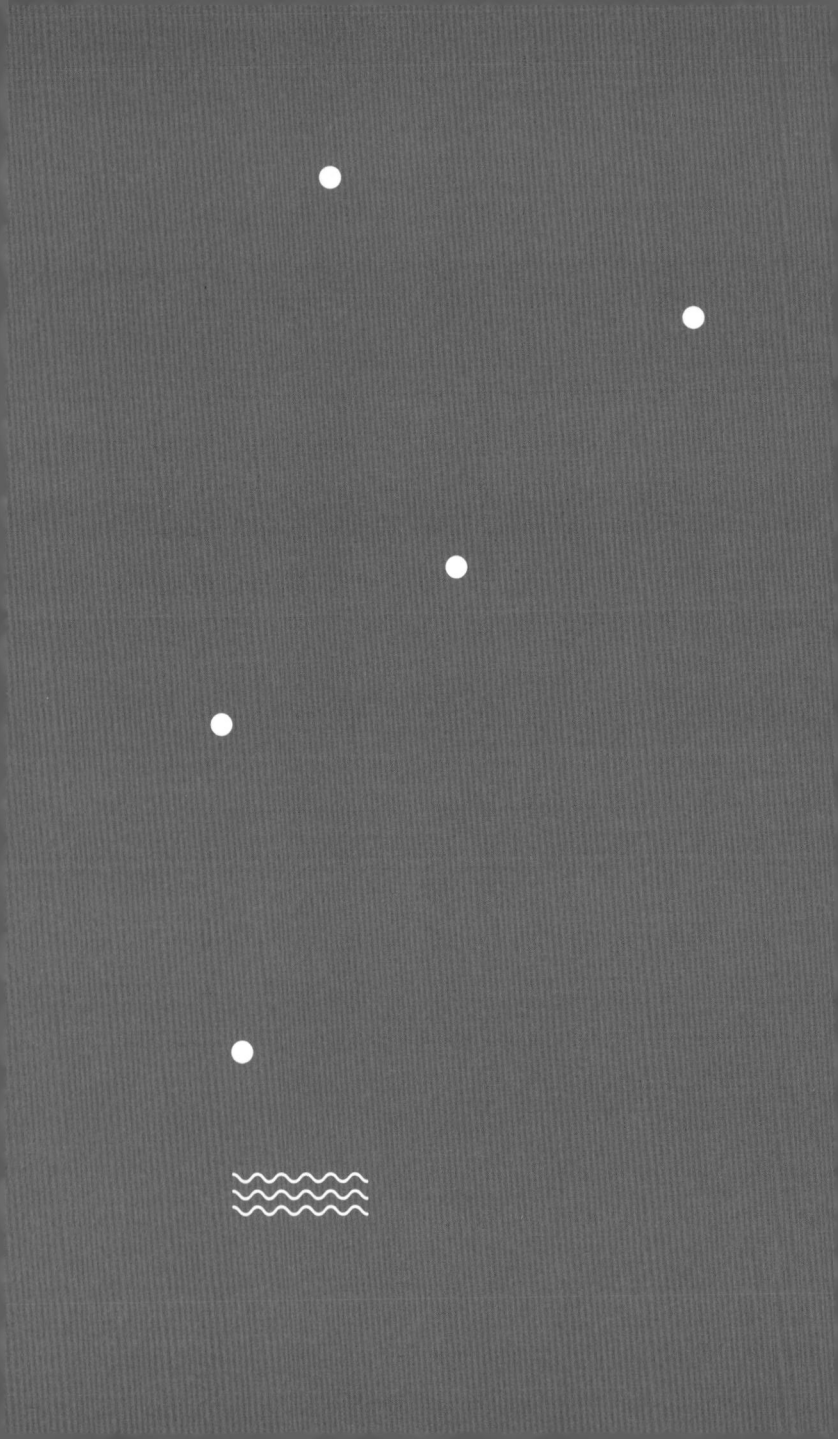

당원병을
아시나요?

이윤지

(이윤지) 〰〰〰

아들 둘을 둔 간호사 엄마. 중환자실과 신경외과 병동에서 근무하다 2018년부터 헌혈의 집을 지켰다. 간호사라는 직업에 자긍심을 갖고 헌혈 인구 증가와 예비의료인 양성에 이바지하는 삶을 꿈꿨다. 하지만 두 아이의 연이은 당원병 진단으로 2년 넘게 현실을 부정하며 방황의 시간을 겪었다. 죽음보다 괴로웠던 시간, 한 달 살기를 핑계로 제주도로 도망쳤다. 일상으로 돌아온 후 독서와 글쓰기를 통해 내면의 소리에 귀 기울이는 법을 배웠다. 지금껏 겪어낸 모든 일들이 과거를 위로하고, 현실을 직면하며, 미래를 긍정적으로 바라보는 기회였음을 깨달았다. 이제는 몸을 치료하는 간호사에서 마음을 치유하는 간호사 작가로의 성장을 꿈꾼다.

출간한 책으로 『혈액원 간호사를 간직하다』, 공저 『간타의 간호사』 『오늘도 덕분에 숨을 쉽니다』 『그래도 오늘은 다르게 살기로 했다』 『층간소음 블렌딩』 『그래서 오늘도 사랑합니다』 등이 있다.

당원병을 아시나요?

간호사 엄마도 당원병 아이는 처음이다

나의 20대는 학생 간호사 4년, 병원 간호사 3년, 혈액원 간호사 4년이라는 시간으로 채워졌다. 병원에서는 환자의 증상을 재빨리 발견하고 처치하여 회복을 도왔다. 헌혈의 집에서는 안전한 헌혈 과정을 위해 애썼다. 환자와 보호자의 일상을 제자리로 돌려드린다는 보람을 느꼈다. 간절한 마음을 담아, 책을 출간하기도 했다. 가정을 꾸린 후에도 계속해서 간호사로 일하고 싶었다. 아이들을 건강하게 잘 키울 수 있을 거란 자신감도 있었다. 결혼 직후 찾아온 아이가 건네주는 행복을 누리다 보니 일 년이 금방이었다. 아직 걷지는 못했지만 크게 아픈 일 없이 건강하게 자라는 것만으로도 축복이라 여겼다. 돌잔치를 무사히 마치고 영유아 건강검진을 받았다. 복부 정밀검사를 요청했다. 얼마 전까지만 해도 귀여운 똥배 같았는데 시간이 지날수록 점점 커지고 살결은 얇아졌다. 특히 거미줄처럼 가는 실핏줄이 수상해서 병원에 온 김에 확실히 알고 싶었다. 의사 역시 아이의 볼록한 배를 보며 고개만 갸우뚱거릴 뿐 명확한 답을 내리지 못했다. 우리는 소견서를 받아들고 다른 병원으로 옮겨갔지만, 그곳에서도 마찬가지였다. 세 번째로 찾아간 병원에서 비로소 답을 들을 수 있었다. "간 수치 정상 범위는 0~30인데, 아이는 1,700입니다. 근육 수치도 높고 전체 수치가 안 좋아요. '당원병'이라는 질병이 의심되는데 확실히 알려면 유전자 검사를 해야 해요." 결과가 나오기까지는 3주가 걸린다고 했다.

온종일 이 병원 저 병원 옮겨 다니며 검사받느라 지친 아이를 먼저 침대에 눕혔다. 이미 자정이 넘은 시간이었다. 남편과 나는 각자 핸드폰으로 '당원병'을 검색했다. 생후 1년 이내 발병한다는 말. 간이 커져 배가 나온다는 말. 폐, 심장, 근육에도 영향을 준다는 말. 성장 지연과 발달 지연이 된다는 말. 심하면 경련이나 의식장애도 온다는 말. 약이 없다는 말. 수술도 없다는 말. 그저 살아있는 동안에 식이요법이 중요하다는 말. 그리고 보통 3~4세를 넘기지 못하고 사망한다는 말. 아무것도 믿어지지 않았고 한마디도 믿고 싶지 않았다. 짐승처럼 꺼이꺼이 소리를 질렀다. 미친 사람처럼 기어 다녔다. 주먹으로 바닥을 내리쳤다. 머리를 바닥에 연신 박았다. 남편은 손과 발이 안으로 말렸다. 내 손도 따가울 만큼 저렸다. 우리는 잠든 아이를 한참 동안 바라보았다. 통통한 양 볼, 볼록한 배, 그에 비해 가느다란 팔과 다리. 눈사람 같기도 하고 개구리 같기도 한 모습. 인터넷으로 봤던 당원병 환아의 모습이 내 아이 위로 겹쳤다. 밤잠을 설쳐가며 당원병 환아의 부모를 찾아냈다. 그들에게 SNS로 메시지를 남기고 주치의를 소개받았다. 내심 다른 이야기를 들을 수 있을 거라는 한 가닥 희망을 품은 채 한달음에 달려갔지만, 그 역시 당원병이 의심된다고 했다. 유전자 검사 결과는 나오지 않았지만, 하루라도 빨리 치료를 시작하자고 했다. 3주가 지나고 우리는 정식으로 당원병 환아 부모가 됐다. 태어나서 지금까지 단 한 번도 밤에 통잠을 못 자고 새벽마다 울부짖으며 깼던 이유, 그때마다 분유 200mL를 허겁지겁 먹어 치우던 이유, 많이 먹는 것에 비해 빨리 배고파했던 이유, 다른 아이들보다 보챔이 심했던 이유, 땀을 많이 흘렸던 이유, 걸음마 연습 때마다 다리를 아파하며 주저앉았던 이유, 모든 것이 당원병 때문이었음을 깨달았다. 유전질환이라는 말은 죄책감으로 이어졌다.

우리는 아이에게 쌀 대신 옥수수전분을 먹이는 부모다

사람이 음식을 먹으면 체내에서 포도당이 글리코겐으로 바뀌어 간에 저장된다. 에너지가 필요할 때 글리코겐이 다시 포도당으로 변화하여 혈당을 유지한다. 당원병은 선천적으로 간의 특정 효소가 결핍되어, 포도당이 간에 글리코겐으로 저장되었다가 다시 포도당으로 나오는 과정에서 문제가 생겨 저혈당이 발생하는 선천성 대사이상 질환이다. 간이 점점 망가지고 혈당도 올리지 못하는 악순환이 반복된다. 저혈당이 가장 위험하고 장기적으로는 다른 장기의 합병증도 발생한다. 약물이나 수술 등 뾰족한 치료법은 없고 식이요법과 정기검진

만으로 하루하루 살아간다. 적정 혈당을 꾸준히 유지하기 위해 조리하지 않은 옥수수전분을 주 식이요법으로 삼는다. 다른 음식도 먹을 수는 있지만 당분이 없거나 적어야 한다. 탄수화물도 정해진 용량만큼 조금씩 자주 먹어야 한다. 너무 적게 먹어도 문제가 되고 너무 많이 먹어도 문제가 된다.

그 해 우리의 여름휴가는 당원병에 적응하는 일로 대체됐다. 옥수수전분을 먹이는 일은 낯설고 힘들었다. 조금씩 자주 섭취해야 하는 탓에 삼시 세끼, 간식, 전분물을 모두 합쳐 하루 총 11번 식이요법을 했다. 한 번에 먹을 수 있는 양이 적어서 다 먹고도 더 달라고 보채는 아이를 달래며 함께 울었고, 어느 때는 그 양을 다 못 먹어서 애가 탔다. 낮에는 그럭저럭 할 만했지만 밤이 고역이었다. 잠든 아이를 두 시간마다 깨워 전분물을 먹이는 것은 못 할 짓이었다. 물론 나도 피곤했지만 잠에 취한 아이가 잘 삼키지를 못해 시간도 오래 걸렸다. 혈당이 잘 유지되는지도 확인해야 했다. 아이 발뒤꿈치를 바늘로 찔러 나온 혈액으로 혈당과 케톤 수치를 쟀다. 8년 차 간호사였지만 하루에도 몇 번씩 내 아이 발뒤꿈치를 찌르는 일은 괴로웠다. 아이는 새벽에 잠을 깨웠다고, 억지로 입안에 전분물을 넣고 삼키라고 했다고, 발뒤꿈치를 찔렀다고 울었다. 아침에 일어나면 아이 발뒤꿈치에서 묻어나온 핏방울과 턱을 타고 흘러내린 하얀 전분물 자국이 여기저기 묻어있었다. 비누를 묻혀 아무리 세게 비벼도 지워지지 않는 핏자국을 보며 당원병이라는 이름표도 우리 가족에게서 지워지지 않을 거란 생각이 들었다.

그해 겨울, 아이가 목감기에 걸렸다. 오전 내내 잘 먹지 못하더니 오후가 되자 아예 먹기를 거부하며 점점 늘어지기 시작했다. 아이를 안고 응급실로 달려갔지만, 의사는 목감기 걸린 유아의 흔한 모습이라며 캐릭터 음료수를 먹여서라도 입맛을 돋워보라고 했다. 유전자 검사를 했던 병원이건만 여전히 의료진들에게 당원병은 생소하기만 했다. 이대로 두면 저혈당이 온다며 제발 입원시켜 달라고 애원해야만 했다. 막상 입원은 했지만, 당원병 환자에게 처방해본 적 없는 의사들은 당혹스러워했다. 병실 복도에서 보이는 의사마다 붙잡고 상황을 설명했더니 수액 종류와 용량이 조금씩 바뀌기 시작했다. 결국 병원에서 새해를 맞이했다. 아픈 게 죄라는 말을 뼈저리게 경험했다. 이것이 앞으로 우리 아이가 살아야 할 세상이라는 생각에 무너질 것 같았지만 그럴수록 엄마인 내가 강해져야만 한다고 다짐하고 또 다짐했다.

두 살 터울로 둘째가 태어났다. 같은 질병이었지만 전혀 수월해지지 않았다. 키와 몸무게, 혈액 수치가 모두 달라 옥수수전분이 각자 몸에서 버텨주는 시간도 달랐다. 새벽 알람 개수는 두 배로 늘었지만 짊어지게 된 짐은 수십, 수백 배가 된 느낌이었다. 틈틈이 눈을 붙이지 않으면 버틸 수가 없었다. 둘째를 겨우 재우고 잠시 새우잠을 청하려는데 첫째 아이 어린이집에서 전화가 왔다. 전분물 먹기를 거부한다는 거였다. 곧바로 달려가 둘째를 아기 띠에 메고, 첫째를 유모차에 태운 채 집으로 돌아오는데 눈물이 났다. 우리 아이들은 가정 보육을 해야 하는 걸까? 선생님이 담당하는 인원이 적은 시골 학교에 다녀야 할까? 내가 꿈꾸었던 간호사로서의 경력은 이대로 포기해야 하는 걸까? 그저 환아의 엄마로서 남은 삶을 살아야만 하는 걸까? 아이들은 물론 부모에게도 세상은 너무나 가혹했다. 그러다 우리 부부가 각방을 쓰게 되는 사건이 생겼다. 남편이 피곤을 못 이기고 출근길 졸음운전을 하다 접촉사고를 낸 것이다. 그때부터 새벽 간호는 내가 전담하고 남편은 회사 생활을 위해 눈을 붙이기로 했다. 우리는 2교대 직원처럼 하루에 두 번 눈인사만 했다. 남편은 출근길에 핸들을 꺾어 버리고 싶은 충동을 느낀다고 했다. 어느 날에는 발코니 방충망까지 열어 둔 채 한참을 위태롭게 서 있기도 했다. 아직 의사소통이 완벽하지 않은 아이가 전분물을 먹는 이유를 몰라 혓바닥으로 젖병을 자꾸만 밀어낼 때, 저혈당 쇼크가 올까 봐 이러면 안 되는 줄 알면서도 잠든 아이를 깨워 캐릭터 음료수를 먹이고 난 새벽, 우리에게 주어진 운명이 너무나 잔인해 이대로 지구가 터져버렸으면 좋겠다고 생각하곤 했다.

한달살이를 핑계로 제주도로 도망치다

계절이 여덟 번 바뀌는 동안 우리는 점점 위태로워졌다. 이 재수 없는 집에서 무작정 떠나고 싶었다. 제주 한달살이는 정말 멋질까? 다녀오면 지금보다 행복해질까? 한 달 후엔 집으로 돌아오게 될까? 아니면 제주에 더 머무르게 될까? 막연한 기대 속에는 신에게도 빌지 않던 기적을 바라는 마음이 있었다. 우리 사정을 모르는 사람들은 말했다. "남편 잘 만났네. 부부가 같이 노는 거 보니 돈이 많은가 보네." 우리 상황을 아는 소수는 말했다. "그래. 잘 생각했어. 돈은 있다가도 없는 거고, 없다가도 있는 거야. 일단 사람이 살아야지. 좋은 것만 보고 좋은 생각만 하다가 와." 그렇게 우리는 절벽 끝에서 뛰어내렸다. 한달살이라는 가면을 쓴 채로 제주도로 도망쳤다. "오늘은 어디 갈까?" "오전에 동화마을에 가서 아이들이랑 뛰어놀자. 점심은 내가 미리 봐둔 근처 식당에서 먹으면 될 것 같아. 오후에는 물고기 카페에 가서 놀다 오자. 그럼 시간과 동선이 딱 맞을 거야. 지금 출발하면 되겠다!" "애들아, 옷 갈아입자!" 즐겁고 유쾌한 대화 같지만, 머릿속에서는 바쁘게 계산기가 돌아간다. 아침 식사했던 시간 확인하기. 다음에 전분물 마실 시간 알람 맞추기. 관광지에서 식당으로 이동하는 시간까지 계산한 후에야 첫 번째 관광지에서 머무를 시간이 정해진다. 하루 식이 시간표에 맞춰 두 손은 자연스럽게 움직인다. 저울에 전분 가루 통을 올리고 영점조절을 한 후 정확한 용량을 담아낸다. 몇 타임 분량, 혹시나 흘릴 것을 대비한 여유 분량까지 두 아이 몫을 준비한다. 전분물을 거부할 때 대체할 간식도 챙긴다. 기저귀, 물티슈, 여벌 옷 보통 아이들에게 필요한 준비물은 물론이다. 준비를 마치면 이미 시간이 훌쩍 지났다. 할 수 없이 첫 번째 관광지를 포기한다. 아침부터 기세가 한풀 꺾인 채 하루를 시작한다. 우리에게 즉흥은 불가능이다. 당원병 간호의 가장 큰 부분을 차지하는 식이요법. 그게 힘들어서 도망친 건데 떠나온 곳에서도 같은 이유로 힘들었다. 어린이집에 보낼 수도 없고 누구에게 맡길 수도 없으니 오히려 훨씬 버거웠다. 남편은 단 1분의 자유도 없는 생활을 못 견뎌 했다. 아이들이 멋지다고 감탄하는 숙소가 남편에게는 비싼 돈 내고 온 감옥일 뿐이었다. 남편의 우울 증상이 다시 심해졌다. 제주에서라도 진료를 보고 오자고 했지만, 그때마다 남편은 약 대신 술을 마시고 들어오곤 했다.

과일을 좋아하는 아이를 위해 열대과일 농장에 갔을 때였다. 농장 입구 잔디밭은 유치원에서 소풍을 왔는지 노랑 옷을 입은 아이들로 가득 차 있었다. 첫째는 또래를 보자마자 눈이 반짝였다. 붙잡을 새도 없이 어느새 그 무리 속으로 뛰어들었다. "주원아, 이리 와! 형들 노는데 방해하지 않아요." 잔디밭 위 어떤 아이도 내 목소리를 못 듣고 깔깔거리며 잡기 놀이를 했다. 아이들은 신기하다. 서로 처음 보는데도 선입견 없이 금세 어울려 논다. 이름도 나이도 모른 채 또래라는 이유만으로 새로운 아이를 환영해준다. 그동안 우리 아이가 독특하다는 생각으로 또래 집단에 속할 수 없다고 선을 긋고 있었다. 우리를 지키려는 일종의 방어였다. 금방 스며드는 아이들을 바라보며 내가 만들어낸 편견이 부끄러워졌다. '주원아 주호야, 엄마도 이제 그 선을 지울게. 다른 아이들과 비교하지 않고 너희 있는 그대로 존재 자체로만 바라봐줄게.' 그렇게 다짐했다. 첫째를 데리고 숙소 근처 카페에 갔었을 때다. 짧은 산책길을 함께 걷고 돌아가려는데 아이의 속도가 점점 느려지더니 어느새 옆에서 사라진 게 아닌가. 뒤돌아보니 쪼그려 앉아 땅바닥을 내려다보고 있었다. "엄마, 여기 무당벌레예요." "그러네, 엄마도 신기하다. 주원이 무당벌레 실제로 처음 보지? 어? 어, 어!" 무당벌레가 보란 듯이 날개를 활짝 펴고 다른 풀잎으로 날아갔다. "엄마! 무당벌레가 날아갔어요!" 그런 모습은 나도 처음 봤다. 아이가 아니었다면 결코 보지 못했을 소중한 장면. 마치 내 인생 같았다. 뭐가 그렇게 급했는지 앞만 보고 달려가던 날들. 갑작스러운 아이들의 진단 때문에 계획이 무너졌다고, 느려졌다고, 이런 불행이 어디 있냐고 원망하던 날들. 신이 있다면 목표만 바라보지 말고 나를 둘러싼 풍경을 누리며, 소중한 가족과 함께 시간을 보내며, 나를 돌보며 천천히 살아가라고 이런 상황을 주었을 거란 생각이 처음으로 들었다.

그날 이후로 두 아이가 카시트에서 잠이 들 때마다 해안도로를 달리며 드라이브를 즐겼다. 경치 좋은 곳에 잠시 차를 세우고 차 안에서 커피를 마시고 있으면 우리 둘만의 카페였다. 그동안 함께 밥을 먹을 시간은 고사하고 짧은 대화를 나눌 여유조차 없었다. 비로소 진솔한 이야기를 나누며 서로를 이해하기 시작했다. 그의 사랑이 식은 게 아니었다. 각자 외로웠고 서로를 그리워했다. 가족을 지키기 위해 자신을 희생하며 노력하는 마음도 똑같았다. 2교대 하는 동료의 삶이 아니라 이렇게 천천히 흘러가는 시간이 필요했다. 쌓였던 오해가 풀리며 이 사람이라면 이 힘든 삶을 함께 걸어갈 수 있을 거란 생각이 들었다.

오늘도 오름을 오른다

나의 여행에는 언제나 목적이 있었다. 가벼운 기분 전환이나 힘든 일을 마친 후의 보상 같은 것들 말이다. 하지만 이번에는 달랐다. 애초에 목적 없이 도망친 거였으니까. 집으로 돌아온 후에도 현실은 변하지 않았다. 여전히 술을 마셨고 울다 잠들었다. 눈을 감았다 뜨면 모든 게 꿈이었길 바랐다. 그렇게 두세 달쯤 지났을까. 온통 흑백이었던 세상에 하나둘씩 색채가 깃들기 시작했다. 바뀐 건 아무것도 없지만 주어진 운명을 받아들일 힘이 생겼다. 물론 말처럼 쉽지만은 않다. 아무리 환우 가족이 질병을 받아들인다고 해도 아무렇지 않을 수는 없다. 늘 엉망진창이 된 마음이 숨어 있다. 그 마음이 커졌다 작아졌다 할 뿐이다. 그 마음이 걷잡을 수 없이 커지면 어찌지 못할 때도 있다. 하지만 매일 새벽, 어두운 방 안에서 잠든 아이들 얼굴을 내려다볼 때면 '이곳은 광활한 우주이고 우리는 반짝이는 네 개의 별'이라는 생각이 든다. 지금처럼 계속해서 반짝이자. 우리의 반짝이는 빛으로 다른 이들도 밝게 비춰주자. 컴컴한 방 안에서 홀로 병과 싸우는 이가 있노라면 우리의 빛을 흔들어서 여기 있다고 알려주자. 지금 이 새벽에 별처럼 빛나는 마음이 있다고. 당신도 나도 혼자가 아니라고.

'왜 하필 내 인생에 이런 일이 생긴 걸까?' 2년 넘게 따라다니며 나를 괴롭히던 질문이다. 눈을 뜨면 보이고 눈을 감으면 들렸다. 도망칠 곳이 없음을 깨달은 순간 내게 주어진 상황을 있는 그대로 받아들일 수 있었다. 만약 신이 있다면, 욕심 가득한 나에게 목표를 향해서만 질주하는 삶을 살지 말라고, 인생을 천천히 걸어가라고, 매일 새벽 아이들을 지긋이 바라보라고, 곁에 있는 이들을 충분히 사랑하라고, 세상을 편견 없이 있는 그대로 대하라고, 그렇게 살라는 신호로 특별한 운명을 내게 준 것 같다. 이렇게 마음을 먹으니 내 힘으로 절대 바꿀 수 없는 '희귀 난치질환 환우 가정'이라는 찜찜한 타이틀에

연연하지 않게 됐다. 이제는 내 모습이 슬프지만은 않다. 이제는 끝없는 터널 같았던 시간을 부정하지 않는다. 오히려 내가 걸어온 어둠을 통해 세상을 밝히고 싶어질 뿐이다. 이제는 내 운명을 인정하고 내 삶 그대로를 사랑한다. 아이들의 해맑은 미소와 반짝이는 생애를 지켜주고 싶다. 아이를 지키는 것, 그건 우리 가족을 지키는 것, 사실은 그 모든 것이 나를 지키는 일이었음을 이제는 안다.

감사하게도 이 길을 먼저 가고 있던 부모들 덕분에 이미 세상에 빛이 조금씩 전해지기 시작했다. 2023년에 한국 당원병 환우회가 정식으로 출범했다. 환우회 모임에는 중고등학생과 성인 환우 몇 명도 참석했다. 그들은 귀한 경험담을 들려주었다. 2024년부터는 옥수수전분이 정부 특수 식이 지원 사업에 포함되어 구매 비용 일부를 지원받을 수 있게 됐다. 건강한 음식에 관심이 쏠린 사회 분위기 덕에 저당 간식과 무당 간식들이 계속해서 출시되고 있다. 제주에 있을 때 용눈이오름에 오른 적이 있다. 오름을 오를 때는 나만 힘들다고 불평하며 언덕을 올랐다. 정상에 도착해서 주위를 둘러보니 너도, 나도 언덕이었다. 그저 우리는 각자 언덕을 오르는 중이다. 먼발치에서 서로 얼굴을 희미하게나마 마주 보자. 그거면 된다. 언덕을 오르면 당연히 지치기 마련이다.

천천히 주위를 둘러보며
풀벌레와 갈대와 바람을 느끼며 잠시 멈추어도 된다.
그 모든 순간이 나의 삶이다.
나는 오늘도 오름을 오른다.

당원병 (glycogen storage disease)

일반적으로 식사를 하면 혈당이 올라가고 인슐린이 분비되면서 당원으로 축적된다. 이때 인슐린이 제대로 분비되지 못하는 게 당뇨병이다. 대부분 혈당이 매우 높다. 반면 당원병은 당원으로 축적되거나 당원에서 혈당을 꺼내 쓰는 과정에서 문제가 발생하는 유전질환이다. 에너지가 필요한 상황에서 혈당을 만들지 못한다. 에너지를 억지로 만들 수는 있는데 그 과정에서 젖산, 요산, 중성지방, 콜레스테롤이 높아진다. 혈액검사, 엑스레이, 초음파 등의 결과 당원병이 의심되면 유전자 검사를 통해 진단한다.

유전질환으로 10만 명당 1명꼴로 나타난다. 보통 생후 1살 전후로 증상이 나타나는 경우가 많다. 아이가 복통이 있던지, 피검사에 간수치가 높던지, 혈당이 떨어져 있는 증상이 반복되면 당원병을 의심할 수 있다. 다양한 검사를 통해서 진단할 수 있다. 현재 국내 250명 정도로 추산된다. 합병증으로 지속적인 저혈당 시 발달 지연, 간혹 또는 간암, 심장이 두꺼워지며 돌연사할 수 있다. 신장이 망가져서 투석 또는 이식해야 한다. 성인 환우가 적은 이유는, 성인이 되기 전에 사망했거나 장기

이식을 받았기 때문이다. 보통 간이식을 먼저 떠올리는데 간이식을 한다고 완치되는 건 아니다. 다른 장기에 합병증이 발생할 수 있는데 그럴 때마다 간, 신장, 심장 등 모든 장기를 이식할 수는 없다. 또한 한 번 이식에 성공했다고 끝나는 것이 아니라 10여 년마다 재이식하는 예도 있다. 따라서 장기이식은 최악의 상황(간암 등)에만 권한다.

당원병 증상 : 작은 키, 동그란 얼굴, 팔다리가 가느다란 모습, 간 비대증, 성장 지연, 발달 지연, 멈추지 않는 코피, 복통, 설사, 근육통, 고지혈증, 저혈당(지속적인 울음, 식은땀, 심장 박동수 증가, 지속되는 배고픔, 보챔) 등

예방 및 관리 방법 : 유전병이라 예방 방법은 없다. 임신 중에도 해볼 만한 검사 방법이 없다. 아이가 태어난 후 본인의 혈액으로 유전자 검사를 해야만 알 수 있다. 관리 목적은 온종일 적정 혈당을 꾸준히 유지 시켜주는 것이다. 치료 약물이나 수술 방법은 없다. 유형마다 치료 방법이 조금씩 다르지만, 공통점은 조리되지 않은 옥수수전분을 찬물에 타 먹는 것이다. 옥수수전분은 복합 탄수화물이다. 체내에서 천천히 분해되는 특징 때문에 적정 혈당을 유지할 수 있다. 복합 탄수화물에 열이 가해지

면 안에 있는 성분이 깨져 나오면서 일반 탄수화물이 되어 혈당 유지에 도움을 주지 못한다. 그래서 찬물에 타 먹는 것이다.

커뮤니티 : 카카오톡 채널 원주세브란스기독병원 당원병 센터

네이버 밴드 한국 당원병 환우회

네이버 카페 한국 당원병 환우회

사회적으로 지원이 필요한 부분

1) 옥수수 전분 (2024년부터 옥수수 전분이 정부 특수 식이 지원 사업에 포함되어 구매 비용 일부를 지원받을 수 있게 되었지만, 가정에서 실제 지출하는 금액의 10%에 미치지 못하는 수준이다.)

2) 단백질 파우더 (3형, 6형, 9형의 경우 옥수수 전분만으로는 혈당을 안정적으로 유지하기에 부족하여 단백질 파우더 섭취가 필수적이다.)

3) 각종 소모품 (케톤 및 젖산 측정기, 혈당 측정기, 연속혈당기 등)

4) 병역 문제 (매일 새벽마다 옥수수 전분 섭취가 필수적이며 훈련 등 과도한 체력 소모 시 저혈당 발생 위험이 높다. 정해진 시간에 옥수수 전분 섭취가 이루어지지 않으면 저혈당 쇼크로 이어지고 심하면 의식을 잃을 수도 있다. 생명에 위험이 있기에 군 복무가 현실적으로 불가능하다.)

5) 식이조절에 대한 주변인들의 배려

출처 : 원주세브란스기독병원 소아청소년과, 당원병 클리닉 강윤구 교수

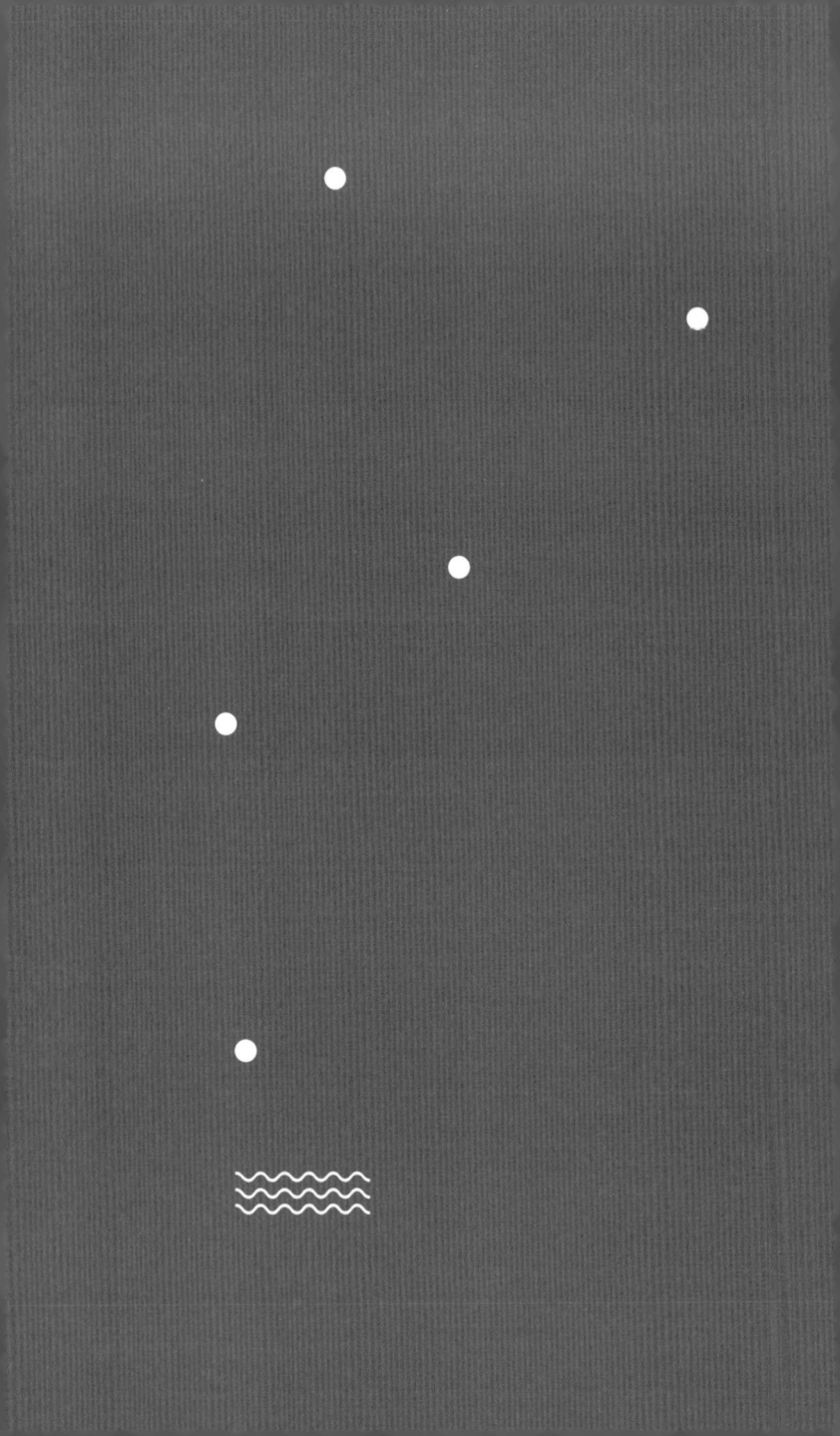

그 손,
내가 잡아줄게요

윤영

김해에서 태어나 20대 중반까지 경남토박이로 살았다. 20대 후반에는 보다 멋진 인생을 꿈꾸며 서울에서 직장생활을 했으나, 몸도 마음도 화려한 도시 체질은 아니었다. 정겨운 고향으로 돌아와 평온하고 소박한 삶을 꾸려가고 있다. 아이를 키우며 환경에 관심이 많아져서 제로웨이스트 가게를 운영하기도 했다. 지금은 주부가 할 수 있는 작은 실천들로 환경사랑을 이어가고 있다.

우울증이라는 긴 터널을 지나고, 평범하고 소소하지만 행복한 삶을 살고 있다. 작은 기쁨에 감사할 줄 알고 글쓰기와 풍경사진 찍기를 즐긴다. 인생 곳곳에서 다시 만날 터널을 덜 힘들게 지나가기 위해 프로젝트에 참여했다.

터널 속을 걷는 이에게 나의 기록이 작은 등불이 되기를 꿈꿔본다.

그 손, 내가 잡아줄게요

열 살, 완벽한 부재(不在)를 꿈꾸다

"후읍~!"

이 숨만 참아내면 완벽하게 사라질 수 있을 것 같았다. 숨을 참는다는 것이 자력으로는 힘들었지만 도움을 구할 일은 아니었으므로 조금만 더 참아보면 되지 않을까 생각했다. 그러다 보면 어느 순간 불을 끈 것처럼 모든 것이 끝날 거라고 막연하게 믿었다. 이불 속에서 숨을 참은 채 숫자를 세다 보면, 미묘하게 나를 흔들던 불안이 가라앉기도 했다. 이 세상에서 내가 사라지기를 바랐던 그 마음이 나의 '우울'에 대한 첫 기억이다. 그때가 겨우 열 살 무렵이었다. 나는 타고나기를 약한 마음으로 태어났다. 우울증의 원인이 외부적인 문제였다면 그 부분을 개선하거나 차단하면 되었겠지만 나는 '나'의 문제였다. 그냥 나의 정신을 지탱하는 그릇이 약했다. 작은 진동에도 약해져서 금이 가는 일이 허다했고, 억지로 막아놓고 대충 붙여 유지하던 것들이 마침내 한 번에 와르르 무너지며 쏟아져 버리곤 했다. 조금 더 크면서는 일상생활에서 사소하게 벌어지는 일들에 대해 항상 죄책감이 들었다. '내가 아니었다면', '내가 없었다면' 하는 생각이 나를 사로잡았다. 그래서 누구도 내게 그러기를 강요하지 않았으나, 스스로를 '잘 웃는 밝은 사람'으로 규정해 버렸다. 나에게는 사춘기도 반항기도 없었다. 그저 말썽 없이 착하고 말 잘 듣는 아이로 자라났다.

사회생활에서의 나는 늘 한쪽 다리가 짧은 의자에 앉아 있는 것 같았다. 조금만 힘을 빼면 넘어져 버리고 마는. 매사에 확신이 없고 자신감이 부족해서 불안함과 부족함을 들키지 않기 위해 항상 긴장하고 있었다. 나는 기질적으로 예민하게 태어났고, 남들보다 스트레스를 과도하게 받는 사람이었다. 그것을 감추기 위해 '밝고 명랑한 사람' 가면을 쓰고, 순하고 착한 사람으로 살아왔다. 그래서 나를 아는 대부분의 사람은 우울증과 나를 연결하지 못할 것이다. 감정 감추기를 너무

나도 잘해서 나조차 속이고 살아왔으니, 타인이 알아채기는 더더욱 어렵지 않았을까. 싫은 소리를 듣지 않기 위해서 최선을 다해 이타적으로 살아왔고, 그러다가 불편한 일이 생겨도 내색하지 않고 넘어갔다. 내가 조금 더 힘든 것이 어색한 공기 속에 놓이는 것보다 훨씬 더 나았다. 그러다가 제풀에 먼저 지쳐버리기 일쑤였지만, 반복되는 악순환을 알면서도 쉽게 고쳐지지는 않았다. 그렇게 사회생활을 하면서 꼭 필요한 이야기조차 하지 못하고 혼자 끙끙거리며 감정의 찌꺼기를 내면에 계속 쌓아왔다.

불편함을 말하지 않고 나 혼자 참고 넘어가는 것은 짧은 인연에서는 얼마든지 가능했지만, 시간이 지날수록 점점 지치고 힘들어졌다. 그래서 '갑자기 왜 그러는지 모르겠는 사람'이 되기 직전에 적당한 이유를 대고 그 관계에서 빠져나왔다. 대부분의 사람은 나를 둥글둥글 성격 좋고 잘 웃는 사람으로 기억하지만, 나는 뾰족뾰족 예민함 위에 약간의 보호막을 덮고 있었을 뿐이었다. 그러다가 보호막이 점점 얇아지면 도망가는 것을 택해왔다. 내가 이렇게나 예민하고 극단적인 것은 나 자신도 최근에야 알게 되었다. 어쩌면 나 자신을 깊게 들여다보는 것을 의도적으로 회피해왔는지도 모르겠다. 그냥 나의 예민함은 숨기면 되고, 견딜 수 없을 만큼 마음이 힘들어지면 도망가는 삶이 나쁘지 않다고 생각했다. 하지만 잠깐의 인연이 아닌 친구와 가족, 특히 남편은 내가 도망갈 수 있는 존재가 아니었다. 나를 잃고, 내 소중한 사람들을 잃기 전에 나의 이야기를 꺼내놓아야만 했다. 그 사실을 알면서도 애써 모른척하며 어떻게든 버텨보려 했다. 말로 꺼내놓기 힘든 마음의 불안들이 쌓이고 쌓여 더 이상 감춰지지 않고 흘러내리게 되었을 때, 나의 아픔은 우울증이라는 이름을 달고 세상 밖으로 나왔다.

이유 없이 아플 수도 있지

어느 날부터였을까. 마음이 많이 힘들어지는 날들이 계속되고 아침이 오는 것이 두려웠다. 또다시 내게 주어진 하루가 무거웠고 또 하루를 살아내야 한다는 것이 절망이었다. 그런 증상이 나타난 데에는 특별한 이유가 없었지만, 심해진 시점은 있었다. 초등학교에 입학하는 아이를 챙기기 위함이라는 명목으로, 하던 일을 모두 정리하고 살림에만 집중하면서부터였다. 그 전에 하던 일이라고 해봐야 거창하지는 않았지만 나를 필요로 하는 내 공간과 직업이 있었는데, 집에만 있으면서부터 나의 쓸모에 대해 자신이 없어졌다. 가족도 있고 친구도 있었지만, 아무것도 나를 살게 하는 이유가 되지 않았다. 그저 무(無)였다. 그 어떤 것도 나를 붙잡지 못하고 속절없이 급류에 휩쓸려가는 기분이었다. 그러다가 어떤 순간에는 숨을 쉬는 방법조차 잊어버리고, 의식하고 일부러 노력하지 않으면 숨조차 쉬지 않아 버릴 것 같았다. 그런 상황에서 '내가 왜 이런 걸까?'를 생각한 것이 문제를 키웠다. 누구도 원인을 제공하지 않았는데, 원인을 찾으려 애썼다. 어떻게든 이 우울의 원인을 찾아내서 떨쳐내려고 혼자 고민하는 시간이 너무 길어진 것이다. 지금에 와서 생각해 보면 그저 마음이 아팠을 뿐인데, 그때는 그런 단순한 생각조차 해내지 못했다.

내 잘못이 아니라는 사실을 인정해야 했다. 내 곁의 사람들이 먼저 그 사실을 알아주기를 바라는 욕심도 있었다. 하지만 '몸이 편하니까 별생각을 다 하네. 온종일 집에 있으면서 무슨 배부른 소리를 하는 건지 모르겠다.' '뭔가를 하려고 노력해 봐. 사람도 좀 만나고.' '왜 자꾸 부정적으로만 생각하려고 해. 그러니까 우울한 마음이 계속 들지. 마음을 고쳐먹어.' 이런 이야기들이 마음속에서부터 들려왔고, 스스로 이 상황이 내 잘못이라고 생각하게 되었다. 그 당시에 가장 힘들었던 부분은 스스로에 대한 원망과 자책이었다. 매일 일하느라 바쁘고 피곤한 남편을 두고, 사소한 마음의 문제 때문에 힘들다고 말해도 되는 걸까. 스스로를 다그치고 괴롭히는 시간이 길어졌다. 진통제를 먹어도 나아지지 않는 두통과 소화제마저 소화하지 못하는 소화불량이 점점 심해졌다. 눈물로 시작해서 눈물로 끝나는 하루가 이어졌고 몸도 마음도 점점 더 망가져 가고 있었다. 밤새 나쁜 마음과 싸우다가도 아침이 오면 눈물을 닦고 몸을 일으켜 가족들을 챙겼다. 아침 식사를 준비하고 옷과 가방을 챙기고, 늦지 않도록 서둘러 출근하고 등교할 수 있도록 바쁘게 움직였다. 아이를 학교에 보내고 돌아와 현관문을 닫으면 다시 눈물이 쏟아졌다. 그 시간이 어떻게 지나갔는지 잘 기억나지 않는다. 아이가 돌아올 시간쯤에 눈물을 닦고 '엄마'라는 최소한의 책임을 꺼내 든 다음, 겨우 냉장고를 뒤져 먹을거리를 챙기고 설거지를 했다. 하지만 정상적인 생활이 불가능했고, 이러다가 더 이상 견디지 못하고 나를 놓아버릴까 봐 두려워지던 날들이 계속되던 어느 주말이었다.

몇 달 전 친구들과 약속해 놓은 1박 2일 여행이 다가왔는데, 도저히 갈 용기가 나지 않았다. 미안하지만 나는 못 가겠다고 이야기할까, 수없이 고민하다가 그런 연락조차 하지 못해 그냥 집을 나섰다. 아무렇지 않은 척 친구들을 만나서 밥도 먹고 차도 마시고 하하 호호 웃으며 하루를 보냈고, 숙소에서 이런저런 이야기를 나누다가 재채기처럼 한마디가 튀어나왔다. "나 요즘 좀 힘들어." 드라마 줄거리를 이야기하듯, 마치 내 이야기가 아닌 것처럼 담담히 털어놓았지만 오랜 친구들은 나의 아픔을 곧바로 알아보았다. 집에 가서 남편에게 꼭 이야기하라고, 병원에도 함께 가보자며 나를 다독여 주었다. 아마도 스스로는 인지하지 못했지만 나름의 방식으로 간절하게 친구들에게 구조요청을 보냈던 것 같다. 여행에서 돌아온 날 밤 남편에게 모든 것을 털어놓았다. 혼자 숨어서 흘리던 눈물을 비로소 남편 앞에 내어놓았다. 그때가 내 인생의 또 다른 전환점이 되었다.

정신의학과, 그 높은 문턱을 넘다

가볍게 생각했었다. 치아가 아프면 치과에 가고 피부트러블이 생기면 피부과에 가듯이, 마음이 힘들고 잠을 잘 자지 못하면 정신과에 가면 된다고 여겼다. 사람들이 가지고 있는 정신병원과 정신질환에 대한 부정적인 시선을 이해하지 못했다. 그러나 정작 내 경우가 되니 마음이 달라졌다. 내 안에도 정신과에 대한 선입견이 단단하게 자리 잡고 있었다. 내가 정신병원에 간다는 사실이 주변 사람들에게 알려질까, 걱정이었다. 마음이 아프고 힘든 줄 알면서도 병원에 가는 것이 두려워 한동안 고민했다. 그러다가 길에서 우울증 상담 광고 현수막을 보았고, 며칠을 고민하다가 겨우 용기를 내어 전화를 걸었다. 하지만 상담을 바로 할 수 있는 것이 아니라, 예약 후 삼

사일을 기다려야 한다고 했다. 그때는 그것마저도 억울하고 괴로웠고 내 뜻대로 되는 것이 하나도 없는 것처럼 느껴졌다. 더 이상은 미룰 수 없다고 생각하고 용기를 내어 친구가 추천해 준 정신건강의학과 병원에 찾아갔다. 이곳 또한 예약이 되지 않았기에 무작정 가서 기다려야 했는데, 생각보다 많은 사람들이 무심한 표정으로 대기실에 앉아 있었다. 내 상상 속의 험악한 분위기가 전혀 아니었고, 그냥 감기 환자가 많은 내과 정도의 느낌으로 다들 조용히 자기 차례를 기다리고 있었다.

한 시간을 기다려서 담당 의사 선생님을 만나 두서없이 이런저런 이야기를 하다 보니 속절없이 눈물이 쏟아져 버렸다. 나를 알지 못하는, 처음 보는 사람 앞이라 오히려 마음이 편했다. 나의 상황을 이해한다는 의사 선생님의 무심한 듯 가벼운 위로에, 묵혀왔던 고름이 터져 나오는 기분이었다. 무슨 이야기를 했는지는 잘 기억나지 않지만, 그동안 나를 힘들게 했던 감정들과 이제는 괜찮아질 수 있다는 안도의 눈물이 함께 흘러내린 것 같았다. 간단한 상담 후에 객관적인 상태 파악을 위해 우울증, 불안증, 불면증 3종류의 조사지를 작성했다.

그 결과 나의 우울 지수는 총 3단계 중에서 매우 높은 3단계였고, 불안 지수는 총 3단계 중의 3단계에 가까운 2단계였으며, 수면은 점수로 구분되지는 않지만 제대로 이루어지지 않고 있다고 했다. 실제로 그 무렵 나는 잠을 잘 자지 못했고, 악몽에 시달리고 울며 깨는 일이 많았다. 의사 선생님은 나의 검사 결과를 종합하여, 내 상태가 자신의 의지로 나아질 수 있는 상황이 아니고 주변의 위로도 와 닿지 않을 것이라고 했다. 행복을 느끼게 하는 세로토닌이 제대로 작용하지 못하고 있으므로 호르몬 조절이 필요하고, 그를 위한 약물치료가 우선으로 필요한 단계라고 했다. 일단 나에게 맞는 약과 용량을 찾아가는 과정을 거쳐 6개월에서 1년 정도 꾸준히 치료받아서 정상 범주에 들어가게 되면 세로토닌이 알아서 작용할 것이라고 했다. 그래서 하루에 세 번씩 먹도록 일주일 치의 약을 처방받아 왔고, 일주일 후에 다시 상담하고 약을 처방받기로 했다.

일주일 동안 약을 먹고 다시 병원에 갔을 때, 기분이 많이 나아졌고 잠도 비교적 잘 자고 있지만, 한 번씩 감당할 수 없을 만큼 푹 꺼지기도 한다고 이야기했다. 그래서 항우울제 용량을 두 배로 늘렸고, 2주 후에 다시 상담하기로 했다. 약의 용량을 늘리기는 했지만 효과는 좋은 편이라고 했으며, 이후에는 4주 분량의 약을 처방받으며 치료를 지속했다. 약을 먹으며 치료하는 동안 느끼는 효과는 정말 놀라울 정도였다. 몇 가지 부작용이 있기는 했지만 더 이상 '세상에서 사라지고 싶은 마음'이 들지 않았고, 모든 것을 부정적으로 생각하려는 삐뚤어진 마음도 없어졌다. 무엇인가 나의 마음을 힘들게 할 만한 사건이 발생하면 아예 그런 길은 없는 것처럼 일단 뇌에서 부정적 회로를 물리적으로 차단하는 느낌이었다. 그럴 때는 약간 멍해지는 느낌이 들었다가, 이내 다른 일로 집중이 옮겨 가는 듯했다. 약의 가장 큰 부작용은 끊임없이 쏟아지는 잠이었다. 우울증이 심했을 때도 온종일 잠을 자긴 했지만 그때의 잠이 세상으로부터 나를 단절시키기 위한 도피 같은 느낌이었다면, 약으로 인한 잠은 나를 안정시키고 긴장을 풀어주는 느낌이었다. 또 다른 약의 부작용으로 약을 먹은 지 4개월 만에 8킬로가 쪘는데, 많은 사람들이 항우울제 복용 후에 눈에 띄는 체중의 변화가 있다고 했다. 약이 호르몬을 조절해서 그런 것일 수도 있겠지만, 나는 이전에 비해 소화가 잘되고 기분이 나아지면서 먹는 것이 즐거워져서 살이 찐 것 같았다. 원래 마른 체형인 나에게는 나쁘지 않은 결과였고 오히려 에너지가 증가한 느낌이었다.

    그렇게 4주에 한 번씩 병원에 가서 상담하고 약 처방을 받으면서 치료를 이어 나갔다. 상황에 맞도록 약의 종류나 용량을 조금씩 조절해 가며 치료한 지 1년쯤 되었을 때, 이제는 서서히 약을 끊을 수 있으면 좋겠다는 생각이 들었다. 그만큼 내 상태가 나아지기도 했고, 혹시나 약에 대한 의존도가 너무 높아져서 나중에 힘들어질까 봐 걱정되기도 했다. 의사 선생님은 약의 의존도 부분은 걱정하지 않아도 되지만, 내가 많이 좋아지고 있었기 때문에 용량을 점차 줄여가며 약을 끊어보자고 했다. 6개월간 서서히 약의 개수와 용량을 줄여간 결과, 1년하고도 6개월간의 약물치료를 마쳤고, 현재까지 약 없이 1년 10개월을 지내오고 있다. 요즘에도 어떤 날에는 다시 병원에 가서 약을 받아오고 싶을 정도로 우울함이 심하게 오기도 하지만, 내가 나아질 수 있다는 희망을 맛봐서인지 예전만큼 깊은 우울까지 가지는 않았다. 언제라도 다시 병원에 가서 상담받고 회복할 수 있다는 사실이, 많은 의지가 되는 것 같다.

행복과 감사가 자연스러워진 날들

　심각한 우울증임에도 치료받을 생각조차 하지 못했던 날들에는, 아무런 욕구가 생기지 않았다. 종일 굶어도 배가 고프지 않았고, 누구를 만날 생각도 하지 못했다. 당연히 행복은 저 멀리 다른 세계에나 있는 일이었고, 나의 하루에는 좌절과 자책만이 가득했다. 감정 소모가 심해져서 드라마나 영화를 보는 게 불가능했고, 중요한 일정을 잊어버리는 일들이 반복되었다. 집 안을 정리하고 간단하게 청소하는 것도 몹시 힘들어져서 어수선해진 집을 보며 스스로 죄책감을 추가했다. 우울증이 심해지면서 불안증도 함께 심해져서, 길을 걷다가 마주 걸어오는 사람이 무서워졌고 운전대를 잡는 것이 두려웠다. 그렇게 점점 세상 밖으로 나가는 것을 피하고 집에서 스스로를 가둬놓고 괴롭히는 시간을 보냈다. 그러다가 병원에서 상담받고 약물치료를 하면서 완전히 다른 삶을 살게 되었다. 항우울제와 불안을 낮추는 약의 효과는 실로 대단하여, 파란 하늘이 아름답고 꽃향기가 향기롭기 시작했다. 마치 흑백 텔레비전이 한순간에 컬러텔레비전으로 바뀐 것처럼, 나의 잿빛 인생이 화려하게 바뀌는 것 같았다. 약 없이 지내고 있는 요즘, 여전히 작은 일에도 과도하게 상처받고 예민하게 반응하는 나를 종종 발견하지만, 이제는 그런 나를 받아들이고 좀 더 이해하려고 노력한다. 예전에는 누군가 부탁을 하면 힘들어도 그 정도도 못 하면 안 된다고 자신을 다그쳤지만, 이제는 유연하게 거절할 줄 안다. 담담히 나의 의견과 감정을 표현하는 연습을 하고 있다. 그뿐만 아니라 오백 원 더 비싼 메뉴를 시키면서도 당당해질 수 있고, 오천 원 더 비싼 이 디자인이 더 마음에 든다고 이야기할 수 있게 되었다. 오백 원이나 오천 원을 더 씀으로써 내가 얻을 수 있는 행복이 훨씬 더 크다는 것을 깨달았다. 그리고, 내가 티도 안 나는 그런 것들을 아끼고 양보하고 배려하며 스트레스받는 것보다, 필요한 이야기는 꺼내고 원하는 바를 정확히 이야기해야 상대도 편하다는 사실을 알게 되었다. 그래야 그 관계가 더 오래 건강하게 유지된다는 것도.

반드시 괜찮아질 수 있다는 희망

　성인의 보통 체온은 36.5℃ 정도이고, 37.5℃를 넘으면 미열이 있다고 이야기한다. 그리고 38.0℃ 보다 높아지면 약을 먹거나 심하면 병원에 간다. 대부분은 이 사실을 특별하게 생각하지 않고 당연히 그렇게 한다. 하지만 우울증은 어느 정도이면 병원에 가야 하는지, 어떤 상태일 때 약을 먹어야 하는지 알 수가 없다. '내가 겨우 이 정도로 정신병원까지 갈 일인가.' 싶은 생각이 들기도 하고, 내 마음의 문제니까 내가 조금만 마음을 고쳐먹으면 나아질 거라고 생각하기도 한다. 하지만 나의 경험을 바탕으로 이야기해 보자면, 그런 생각이 들기 시작하면 가볍게 상담을 한번 받아보라고 권하고 싶다. 병원에 간다고 해서 무조건 약물치료로 이어지는 것은 아니고, 상태에 따라 상담만으로도 마음이 조금이나마 편안해질 수 있다. 그리고 꼭 병원이 아니더라도 해당 지역의 보건소에서 운영하는 상담센터에 방문 또는 전화로 도움을 요청할 수 있다. 너무 힘든 나 자신을 그냥 내버려두지 말고, 내 마음의 손을 내가 먼저 잡아줘야 한다.

우울증은 병이라서 치료로 나아질 수 있고 완치가 되기도 한다. 치료 기간이 오래 걸리는 사람도 있고 재발하는 경우도 많다. 하지만 당뇨환자가 혈당을 관리하며 건강한 삶을 살아가는 것처럼, 간염 보균자가 간수치를 낮추는 약을 평생 먹으며 정상 수치를 유지하고 살아가는 것처럼, 우울증 환자도 길게 보며 관리하는 삶을 살아가면 된다. 불현듯 찾아오는 마음의 지옥을 '아, 지금 이 순간만 지나가면 다시 괜찮아질 거야.'라는 믿음으로 흘려보내면 된다. 나 역시 우울증을 치료하기 전에는 불가능한 이야기였으나, 지금은 충분히 가능한 이야기가 되었고 당신도 그럴 수 있다고 말해주고 싶다. 많이 아픈 날에는 병원에 가고, 괜찮은 날에는 건강하게 살면 된다. 내 잘못이 아니고 내 탓이 아니라는 것을 스스로 받아들여야 그다음이 가능해진다. 손을 내밀고 도움을 요청하면, 그다음은 괜찮아지는 일만 남았다.

우리는 당연히 행복하게 살아야 하고,
누구라도 충분히 행복할 수 있으며,
우울증 환자도 다르지 않다.

2023년 한국의 자살률(인구 10만 명당 자살 사망자 수)은 27.3명으로 OECD 평균인 10.7명의 2배 이상을 기록했다. 특히 10~30대는 전체 사망원인 중에 자살이 1위로 조사되었다. 그리고 자살의 가장 큰 원인은 우울증으로 집계되고 있다.

그러나 항우울제 처방량은 21DID(Daily doses per 1,000 Inhabitant per Day, 인구 1,000명당 하루 처방량)로, OECD 평균인 64.3DID의 3분의 1 수준이다.

우울증의 진단 기준 (DSM-IV)

① 2주 이상, 거의 매일 지속되는 우울한 기분

② 일상 대부분의 일에서 관심 및 흥미 감소

③ 식욕 감소 또는 증가(체중 감소 또는 증가, 한 달에 5% 초과)

④ 불면 또는 과다 수면

⑤ 정신운동 지연 또는 정신운동 초조

⑥ 피곤 또는 에너지의 감소

⑦ 무가치감, 부적절한 죄책감

⑧ 집중력 저하, 우유부단

⑨ 반복적인 자살 생각

위 항목 중 5개 이상 해당하고, 이러한 증상으로 일상생활이 어렵다면 우울증으로 진단할 수 있다.

우울증의 원인

① 생화학적 요인 : 호르몬, 신경전달물질 등

② 유전적 요인 : 가족력 등

③ 환경적 요인 : 강한 스트레스, 충격적·부정적 사건 등

우울증의 치료 방법

① 약물치료

② 정신치료

③ 물리적 치료

우울증은 "오늘 나 좀 우울해." 같은 일시적인 감정과는 다르며, 치료가 필요한 질병이다. 하지만 우리나라에서 통용되는 우울증은 그 정도를 가볍게 이야기하려는 경향이 있어, 치료의 필요성을 억지로 낮추려 한다. 우울증 역시 다른 질병처럼 유전적인 영향이 크고, 신경화학적인 원인이 주를 이루고 있

다. 그 외 환경적, 심리적, 성격적 요인이 우울증에 영향을 미칠 수 있다. 약물치료와 상담 치료를 통한 개선이 가능하고, 경우에 따라서는 반드시 치료가 필요하다. 자살을 '극단적 선택'이라고 표현하는 것에 대한 문제는 끊임없이 제기되고 있다. 우울증 환자에게는 '선택' 가능한 영역이 아니라 우울증이라는 질병에서 오는 최악의 결과일 뿐이다. 치료를 통해 최악의 결과를 예방하고 회복할 수 있다는 점에서 다른 질병과 다르지 않다. 그러니 부디, 우울증을 앓고 있다면 고민하지 말고 일단 병원부터 가보길 간절히 바란다.

ㄱㅂ, ㄱㅂ
(간병, 강박)

현지영

(현지영) 〰〰〰

고려대학교 대학원에서 교육학을 전공했다.
석사과정을 밟으며 근본적인 교육 변화를 고민했다.
현실 남매를 키우며 아이를 변화시킬 수 있는 것은
부모와의 관계, 함께하는 교육임을 깨달았다.

11년째 두 아이와 매년 2천 권 이상 책을 읽으며 그림책 문해력 강사 & 스토리텔링 전문 강사로 활동하고 있다.

인스타그램 @booklyssam

ㄱㅂ, ㄱㅂ (간병, 강박)

드라마가 시작됐다

"왜? 속이 또 안 좋아?"

며칠 전부터 속이 불편하다던 엄마가 오늘도 힘들어한다. 하긴 지금 안 아플 수 있을까. 아빠가 집을 나가고 빚쟁이들이 찾아오기 시작했다. 그 후로 일어난 모든 일들을 감당했던 엄마였으니 몸이 힘들지 않으면 이상한 일일지도. 드라마에서나 보던 사업 실패가 우리 집에 일어나니 아직도 얼떨떨하다. 이 상황을 버틸 수 있는 건 내가 할 수 있는 일을 하며 지내는 것뿐이다. 그래서 학교생활을 더 열심히 하고 교환학생 준비에 박차를 가하고 있는지도 모르겠다. 프랑스 학교 측에도 입학 허가를 받았고, 숙식을 해결하기 위해 연락한 분과의 이야기도 잘 마무리되고 있다. 조금만 더 준비하면 이제 진짜 출발이다.

교회로 가던 길에 엄마가 땅바닥에 주저앉았다. 배가 쥐어짜듯 너무 아파 도저히 걸을 수가 없단다. 웬만한 일에 표현하지 않는 엄마가 너무 아프다고 한다. 평소의 반응과 달라 언니들과 함께 동네 병원에 갔다. 의사는 엄마의 증상을 보더니 큰 병원에 가보라며 소견서를 줬다. 불안한 마음을 가지고 엄마의 뇌출혈을 수술했던 대학병원을 갔다. 설마 하는 마음보다 두려움이 점점 커진다. 몇 가지 검사를 하고 한참을 기다려 의사와 상담했다. 의사는 담담하게 대장암 4기로, 췌장에서 간으로 이미 전이되어 수술은 불가능하고 짧게는 3개월이란 시간을 예상한다고 말했다. 항암 치료를 할 것인지 3개월의 시간을 정리할지 그것만 선택할 수 있단다. 엄마 나이 53세였다.

엄마는 21살에 결혼해 딸 다섯을 낳았다. 38살에 뇌출혈로 쓰러져 오른팔과 다리가 불편해졌지만 보란 듯이 딸들을 키워냈다. 고생만 했던 엄마가 이제는 암 말기라 3개월밖에 살지 못한단다. 엄마에게 어떻게 전해야 할까. 드라마 속 시한부 선고가 우리 집에 찾아왔다. 이제야 사업 실패는 그저 복선이었음을 깨달았다. 드라마의 줄거리도 모른 채 촬영은 이미 시작되었다. 먼저 아빠에게 전화로 상황을 알렸다. 큰언니가 엄마에게 지금까지의 일을 설명하고 우리는 고개를 숙인 채 눈물만 흘리고 있었다. 엄마는 그렁그렁한 눈으로, 하지만 차분히 상황을 받아들였다. 엄마는 미소를 지으며 치료를 받겠다고 했다. 자식 입장에서도 그래야 했다. 완전히 낫게 하지 못하더라도 엄마의 시간을 조금 더 늘릴 수 있다면 뭐라도 해야 했다. 지금 당장이라도 시작해야만 했다. 선택 아닌 선택을 한 우리는 병원에 이야기하고 입원 날짜를 조율했다. 아이가 있고 일하는 언니들보다 시간상으로 여유 있던 내가 엄마와 항암 치료를 함께하기로 했다.

간병 여행을 시작하다

교환학생 준비를 끝내고 비행기 티켓을 구매하기 직전,

나는 이 모든 것을 직접 취소했다. 학교 관계자와 교환학생 준비를 도와주신 분들께 양해를 구했다. 우리 가족의 상황을 아는 이들은 위로를 건넸다. 당장 울음을 터뜨려도 이상하지 않은 상황이었지만 눈물은 나오지 않았다. 절망보다 엄마를 살려야 한다는 간절함이 훨씬 컸기 때문이었다. 오히려 차분해졌고 담대해졌다. 이러한 성향 또한 엄마가 내게 준 유산이었다. 프랑스 대신 엄마와의 여행을 시작한다고 생각하기로 했다. 엄마와 단둘이 여행할 수 있는 기회에 내가 당첨된 거라 여기기로 했다. 엄마의 암 선고는 아빠를 집으로 돌아오게 했다. 빚쟁이들도 이 기간만큼은 조용히 기다려주었다. 아빠, 엄마를 알고 지낸 세월의 정이 떼인 돈보다 좀 더 진했다는 것에 감사할 뿐이었다. 엄마의 첫 항암 치료가 시작된 날 가족 모두는 생각보다 차분했다. 너무 큰일이라 아직 현실감각이 없었나 보다. 암 병동으로 들어가 환자복으로 갈아입기가 무섭게 검사의 연속이었다. 엄마의 팔에는 주삿바늘이 연결되었다. 병원에서 나갈 때까지 뺄 수 없는 사슬이었다.

병원에서의 시간은 밖과는 다르게 흐른다. 아침 7시, 평

소리면 일어나지도 않았을 이른 시간. 식사를 마치고 담당 교수를 만나 이야기를 나눈다. 오늘 컨디션은 어떤지 묻고 그동안의 치료 경과를 점검하는 시간이다. 고작 3분 남짓의 시간을 위해 환자와 보호자는 없는 기운까지 끌어모아야 하지만 놀랍게도 그 찰나의 만남이 그날 엄마의 마음을 붙잡아준다. 나 또한 엄마와 다른 이유로, 아빠와 언니들에게 소식을 전해야 한다는 사명감에 정신을 차리고 그 시간을 맞이한다. 짧은 면담이 끝나면 똑같은 하루가 시작된다. 항암 치료와 진통제 투여, 식사와 잠, 잠깐의 TV 시청. 간병인의 시간 또한 별반 다르지 않다. 엄마와 항상 같이 움직여야 하기에 짬이 생길 때면 책을 읽거나 잠시 편의점에 다녀오는 게 고작이다. 이런 잠깐의 여유도 엄마의 치료가 길어지면서 점차 줄어들었다.

엄마의 시간도 다르게 지나가고 있었다. 본격적으로 시작된 항암은 엄마의 삶을 송두리째 바꿔놓았다. 지독한 통증은 늘 긍정적이고 참을성 많았던 엄마가 배를 움켜쥐고 주저앉게 했다. 숨을 고르며 고통을 겨우겨우 참아내는 엄마의 모습이 어찌나 낯선지. 그녀의 아픔을 덜어줄 방법이 없어 서러웠다. 고통에 몸부림치는 그녀가 사무치게 안쓰러웠다. 이 공간에 엄마의 신음을 받아낼 사람이 나밖에 없다는 사실이 두려웠다. 무기력하기만 한 내가 할 수 있는 건 간호사에게 진통제를 요청하고 진정될 때까지 옆에서 손을 잡아주는 것뿐이었다. 시간이 흐르니 엄마의 통증 지속 시간과 진통제 종류와 효과, 양을 점검하며 엄마의 상태를 조금씩 가늠하게 되었다. 엄마의 시간은 항상 통증과 함께했고 그것을 견뎌내는 데 많은 시간을 할애했다. 같은 공간에서 엄마의 상태를 자세히 관찰하고 곁에 있어 주는 것만이 21살 간병인이 할 수 있는 일이었다.

식사를 하는 게 점점 힘들어진다. 밥을 넘기는 시간이 점점 길어지고 양이 줄어들면서 미음조차 힘들어한다. 잠깐 병원에 들른 큰언니에게 엄마가 이야기했다. 밥알 하나하나가 날카로운 돌멩이 같아서 목으로 넘길 때 상처가 날까 봐 너무 힘들고 무섭다고, 이렇게 아픈데 막내는 먹으라고 강요해서 힘들다고 말이다. 몸살감기와 대상포진으로 쓰러져 있어도 밥알이 목에 상처를 내는 느낌은 한 번도 겪어보지 못했다. 그렇다. 나는 간병인이었지 환자가 아니었다. 여전히 그 아픔과 두려움이 무엇인지 모른다. 다시 그때로 돌아간다면 엄마에게 "힘들지"라고 한마디 더 해줄 텐데. 먹어야 버틸 수 있다는 생각에 사로잡혀 차마 그 마음을 헤아리지 못했다. 지금도 그때를 떠올리면 엄마에 대한 미안함에 가슴이 아려온다.

항암 치료를 마치고 집에 있는 날에는 엄마가 먹고 싶어 하는 음식을 해준다. 어느 날은 갑자기 냉이 된장찌개가 먹고 싶다고 했다. 냉이가 뭔지 몰라 인터넷으로 찾아 급하게 집 앞 마트에서 사서 된장찌개를 끓였다. 처음으로 해본 된장찌개가 생각보다 괜찮았다. 끝까지 따뜻하게 드시라고 뚝배기에 끓여서 식탁에 올려놓다 그만 놓쳐 반 이상이 쏟아졌다. 엄마에게도 음식이 많이 흘렀다. 너무 놀라 소리를 지르며 엄마의 허벅지를 손으로 닦아내고 허겁지겁 엄마의 다리를 살폈다. 다행히 다치지 않았다. 차가운 수건을 다리에 올려놓고 연거푸 사과하며 울었다. 오랜만에 먹고 싶다고 말했던 음식을 이렇게 망쳐버려서, 찌개를 못 먹게 돼서, 엄마를 놀라게 해서 미안하다고 고개 숙였다. 이렇게 만든 게 다 내 잘못 같아서,

진작 병원에 데려가지 못해 이렇게 만들었다고, 꾹 눌러왔던 내 마음도 쏟아져서 오랫동안 앙상한 다리를 붙잡고 울었다.

　엄마는 고작 3개월의 시한부 인생을 선고받았지만 2년을 버텨냈다. 나는 1년의 휴학을 끝내고 복학했지만 항암 치료 기간에는 병원에서 함께 지냈다. 우리의 일상은 달라지지 않았지만, 엄마는 날이 갈수록 말라갔다. 통증이 심해져 마약성 진통제가 아니면 효과를 볼 수 없게 되었다. 머리도 숭덩숭덩 빠지고 복수가 차기 시작했다. 복수가 차니 배가 불룩하게 나와 걷는 게 힘들어졌다. 복수가 장기를 누르니 통증이 심해진다. 도저히 참을 수 없을 때까지 버티다가 병원에 가서 물을 뺀다. 배에 구멍을 뚫어 호스를 연결하니 뱃속 물들이 플라스틱 통으로 똑똑 흘러나온다. 만삭 때보다도 더 커진 배를 바라보며 이제는 엄마의 시간이 얼마 남지 않았다는 걸 직감했다. 같은 마음이었는지 우리는 아무 말도 하지 않았다. 그저 엄마 손을 잡아주었다.

여행에서 얻은 선물

　5살 때 엄마가 뇌출혈로 쓰러졌다. 엄마는 중환자실에서 일주일간 있었다. 가족들 모두 엄마 곁을 지켰다. 엄마가 병원에 실려 간 이틀 후 유치원 소풍날이었다. 아랫집 이모가 싸주신 김밥을 가지고 선생님과 점심을 먹었다. 서러운 마음보다 선생님과 함께해서 좋았던 기억이 더 크다. 오히려 언니들이 그때의 나를 더 측은하게 여겼다. 엄마의 뇌출혈 수술과 재활이 시작된 그때부터 엄마의 자리가 비워지는 순간들이 많아졌다. 그리고 그 자리를 자연스레 스스로 채우기 시작했다. 초등학교 때부터 투정 한 번 해본 적 없었다. 학창 시절 내내 혼자서 아침을 차려 먹고, 주말이면 실내화와 운동화를 직접 빨았다. 대학 진학 선택도 알아서 했다. 인생의 자잘한 일부터 큰일까지 부모님과 상의하는 것보다 통보하는 경우가 다반사였다. 누가 못한다고 타박을 주는 것도 아니었는데 혼자서도 잘하는 아이가 되려고 했다. 돌이켜 보면 엄마에게 기댈 수 없다는 현실을 깨달은 어린아이의 생존 방식이 아니었을까.

똑 부러지지만 늘 무뚝뚝했던 막내딸이 처음으로 엄마와 대화라는 것을 했다. 병원 침대에서 말이다. 엄마의 학창 시절, 꿈, 결혼, 힘들었던 시집살이, 지금까지 엄마가 걸어온 길 그리고 죽음까지. 나에겐 그냥 계속 아픈 엄마였는데 알고 보니 엄마는 공부 잘하는 똑 부러진 학생이었고, 대학을 가고 싶었지만 가정 형편상 포기해야 했던 안타까운 청춘이었다. 아빠를 만나 행복했지만 시집살이가 너무 고됐고, 그럼에도 다섯 딸을 보며 버텼던 강인한 여자였다. 뇌출혈로 다들 걷지도 못할 거라 했지만 결국은 일어나서 가정을 지켰고, 암 선고를 받았지만 그로 인해 가족을 다시 하나로 뭉치게 한 멋진 여성이었다. 죽음조차 두려워하지 않고 미소를 지으며, 하늘나라에 갈 수 있어 평안하다고 말하는 그녀는 감히 내가 짐작조차 할 수 없을 만큼 강인하고 위대한 사람이었다.

코스모스가 흐드러지게 핀 2005년 가을, 엄마는 아빠가 가장 좋아하는 꽃을 선물로 주고 하늘나라에 갔다. 시신 기증까지 하며 더할 나위 없이 멋지게 이 세상을 마무리 지었다. 눈부시게 맑은 하늘은 납골당에 가는 내내 우리와 동행했다.

길가의 핀 분홍색 코스모스는 아빠를 위로해 주었다. 엄마가 가장 좋아했던 노랗고 하얀 소국은 엄마의 가는 길을 인도해 주었다. 화려하진 않지만, 은은하고 조용히 자신을 뽐내는 소국처럼 엄마는 그렇게 우리와 이별했다. 죽음을 대하는 모습을 보며 나도 엄마처럼 담대하고 차분하게 생의 마지막을 맞이하리라 다짐했다. 2년간의 여행이 없었다면 누군가의 엄마, 아내가 아닌 유옥화 씨의 삶을 알 수 있었을까. 나에게 진짜 엄마를 알 수 있게 허락해 준 이 시간은 내 인생의 선물이었다.

　엄마의 죽음 이후 나는 또다시 선택해야 했다. 엄마를 보낸 아빠의 곁에서 한 학기 동안 함께 하기로 한 것이다. 엄마를 너무 힘들게 했다는 죄책감과 그리움에 아빠는 급격하게 무너졌다. 당장 엄마와 함께했던 집에서 지내는 것도 너무 고통스러워하셨다. 아빠는 가끔 내 이름 대신 '여보'라고 불렀다. 인생의 대부분을 함께했던 아내의 빈자리는 무엇으로도 채울 수 없었다. 아내를 잃은 아빠의 모습을 지켜보는 것은 엄마를 간병할 때만큼이나 힘겨운 일이었다. 그렇게 깔끔했던 아빠에게 홀아비 냄새가 나기 시작했다. 그러나 더 충격적인 것은 처음 보는 아빠의 무기력한 모습이었다. 책임지고 돌봐야 하는 존재가 없어지면서 몰려오는 허망함에 잠식되어 가셨다. 결국 우리는 이사했고 새로운 곳에서 아빠와 함께했다. 그렇게 아빠를 위로하고 대학을 졸업하니 20대의 절반이 지나가 있었다.

여행의 후유증, 강박

대학을 졸업한 지 1년 만에 결혼했다. 막내딸에게 준 엄마의 선물이었다. 결혼 후 남편의 석사 공부로 미국에 가게 되었다. 가족들은 즐겁게 놀다 오라고 했지만 정작 나는 그럴 수 없었다. 일과 공부로 정신없이 달려오다 마침내 여유가 생겨 멈춰 서자 그동안 마주하지 못했던 슬픔과 죄책감이 파도처럼 밀려들었기 때문이었다. 매일 밤 엄마에게 잘해주지 못했던 모습이 떠올랐다. 양손에 소프트아이스크림을 들고 온 엄마를 보면서 다 녹았다며 짜증내던 여름 어느 날, 힘들어 길가

벤치에 앉아있던 엄마를 대충 인사만 하고 지나쳤던 아침, 아파 힘들어하는 엄마에게 별일 아닌 듯 쌀쌀맞게 말했던 그 날, 화장실에서 중심을 잃어 쓰러졌던 엄마를 바로 잡아주지 못했던 그때, 마지막 엄마의 모습까지. 엄마를 대했던 모습이 파노라마처럼 매일 꿈에 나왔다. 아침마다 울면서 일어났다. 신랑은 그런 나를 달래고 웃게 해주려고 부단히도 노력했다. 그의 마음 씀씀이가 고마웠지만, 나의 아픔을 지울 수는 없었다. 마음에 뚫린 구멍에서 빠져나오는 건 오직 나만이 할 수 있는 일이었다. 이런 생활이 지속되자 더는 견딜 수가 없었다. 매일 밤 악몽에 시달리고 싶지 않았다. 나쁘고 아픈 기억 속에 멈춰 있는 딸을 엄마는 바라지 않으리라. 이 감정의 구렁텅이에서 벗어나지 않으면 앞으로 나아갈 수 없을 거란 생각에 덜컥 겁이 났다. 어느 날 밤에 신랑을 불렀다.

"나 너무 힘들어. 엄마에게 못 해줬던 일들이 계속해서 나를 괴롭혀."

마치 살려달라고 구조요청을 하듯이 머릿속 가득했던 에

피소드들을 풀어놓았다. 나만 알고 있던 엄마의 기억을 말하기 시작하자 주체할 수 없는 눈물이 쏟아졌다. 나중에는 아무 말 없이 어린아이처럼 소리 내어 울기만 했다. 엄마한테 미안하다고, 너무 힘들다고, 지금 말하지 않으면 죽을 거 같다고 침대에 앉아 목놓아 울었다. 신랑은 휴지만 건넬 뿐 어떤 말도 하지 않았다. 대신 안아주며 기도해 주었다. 이 아픔을 위로해 달라고, 더 이상 죄책감에 시달리지 않게 해달라고 말이다. 그렇게 2시간이 지났다. 그날 밤, 엄마는 꿈에 나오지 않았다. 결혼 후 1년 만의 단잠이었다. 이날 이후 가끔 보는 엄마는 더 이상 아프지 않았다. 그리고 엄마를 보는 내 마음도 평안해졌. 사랑하는 사람을 보내주는 일은 유가족들에게 가장 필요하고 중요한 과정이다. 어떤 감정이든 솔직하게 드러내고 인정하지 않으면 마음속 구멍은 점점 커진다. 커져 버린 빈자리는 썩어 문드러져 나를 붙잡고 심연으로 가라앉게 한다. 엄마를 보내고 생긴 구멍을 3년이 지나서야 대면하게 되었다.

구멍을 마주하니 이제는 메꾸고 싶어졌다. 완벽한 엄마가 되고 싶었다. 한 번의 유산과 세 번의 인공수정의 아픔을 거쳐 시험관 시술로, 그것도 8년 만에 얻은 귀한 아이를 보니 결심은 공고해졌다. 눈을 마주치고 웃으며 이야기 들어주는 엄마, 하고 싶은 것은 자유롭게 시켜주는 엄마, 건강한 엄마, 손주도 다 돌봐 주는 엄마, 용돈도 척척 주는 멋진 할머니, 언제든지 기댈 수 있는 엄마. 내가 바랐던 엄마의 모습은 이랬다. 보란 듯이 멋진 엄마로 아이를 잘 키워내고 싶었다. '완벽한 엄마'라는 강박이 지치지 않게 했다. 새벽 6시부터 시작되는 소꿉놀이와 오전 산책, 낮잠 이후 또다시 문화센터. 책은 하루에 수십 권씩 읽어줬다. 매일 다양한 체험을 하고 온갖 육아서적을 섭렵했다. 삶의 모든 것이 아이에게 맞춰졌지만 힘들지 않았다. 오히려 엄마와 누리지 못했던 것들을 딸과 함께 하니 기쁨이었다. 그때는 진심이었다.

하지만 완벽한 엄마가 되는 것은 쉽지 않았다. 아니, 완벽한 엄마가 되는 것은 애초에 불가능한 일이었다. 임신 3개월 차, 남편은 아프리카로 파병을 갔다. 혼자 아이를 낳았고 양가 부모님의 도움 없이 홀로 아이를 키웠다. 아이를 키우는 것은 내가 한 공부와 전혀 상관이 없었다. 조리원에서도 석사 졸업

논문을 썼던 내가 아이를 낳고 나서 바보가 됐다. 울면 어떻게 해야 할지 모르겠고, 새벽에 대변을 치울 때 불을 끄고 닦아줬더니 여전히 변이 남아있어 아침에 피부가 빨갛게 올라온 적도 있었다. 기운 없어 식사를 거르거나 김에 대충 때우기 일쑤였다. 아이를 어떻게 돌봐 주고, 어떤 음식을 먹어야 하는지, 젖몸살일 때 어떻게 해야 하는지 옆에서 말해주는 사람이 없었다. 책을 보더라도 실전에 적용하는 것은 또 다른 문제였다. 매일을 살아내려고 발버둥을 쳤다. 신랑이 파병에서 돌아오고 나서야 내 몸이 무너졌다는 걸 알았다. 하루는 머리를 감다가 손가락이 너무 아파 대충 씻고 나왔다. 아침에 일어나면 팔 전체가 저릿저릿하고 손이 굳어 있는 날들이 많아졌다. 아이를 안고 있으면 어느새 손목이 뜨거워지고 손가락 마디마디가 욱신거렸다. 병원에서는 출산 후 류머티즘성 관절염이라고 했다. 의사는 시간이 지나면 괜찮아질 거라고 했다. 하지만 10년이 지나도 무거운 짐을 들거나 손을 많이 쓴 날엔 어김없이 손가락이 왕왕거린다. 밤새 뜨거운 손가락 때문에 잠을 설친다. 첫째가 여섯 살이 되던 해, 둘째가 태어났다. 홀로 아이 둘을 키우다 보니 점점 힘에 부쳤다. 아이들에게 집중했던 에너지가 서서히 바닥을 드러내기 시작했다. 끝내 우울증까지 겹쳤다. 어느 날은 세탁실에서 눈물 흘리며 앉아있었다. 아이들이 불러도 대답 없이 방에 있었다. 무표정으로 가만히 있을 때가 많아졌다. 지친 상태인지도 몰랐다. 누구에게도 힘들다고 말해 본 적이 없어 내 마음을 헤아리지 못했다. 완벽한 엄마는 이제 없다.

엄마를 간호하며 세상을 향한 내면의 단단함이 생겼다. 덤으로 완벽한 엄마라는 강박도 얻었다. 10년간 엄마의 빈자리를 없애려고 참 부단히 애쓰며 살아왔다. 하지만 구멍은 없어지지 않았다. 설령 채웠을지라도 그 자국은 지워지지 않았다. 엄마의 공석을 '완벽한 엄마'로 채우는 일에 실패했음을 인정할 수밖에 없었다. 애들을 재운 어느 날이었다. 빨래는 소파에 쌓여 있고, 설거지는 싱크대에 가득하고, 거실엔 아이들의 책들과 장난감이 널브러져 있던 평소의 밤이었다. 나는 맥주 한잔을 마시고 울먹거리며 신랑에게 두 번째 고백을 했다. 아이들 키우며 일과 집안일까지 너무 버겁다고 말이다. 내 입으로 말하고 나니 마치 주문이라도 외운 것처럼 마음이 편안해졌다. 속이 뻥 뚫린 것처럼 시원했다. 강박이란 구멍을 인정한 순간이었다. 좋은 엄마는 모든 걸 잘하는 엄마가 아니다. 아이들의 이야기에 귀 기울이고 웃어주며 사랑한다고 말하는 것만으로도 이미 충분히 좋은 엄마다. 내 안의 부족함을 인정하고 비로소 깨달았다. 그렇게 또 다른 마음속 구멍을 진심으로 마주했다. 이제 더 이상 구멍은 나를 끌어당기는 늪이 아니다. 그저 다음 단계로 가기 위한 버튼일 뿐이다. 각자의 마음속에는 저마다의 구멍과 상처의 흔적들이 있다. 하지만 그것은 삶을 주저앉히는 걸림돌이 아니라 다시금 딛고 일어서게 만드는 디딤돌이다.

빈틈이 있어야 꽃이 피지 않던가.
내 안의 구멍을 인정해야 꽃이 피는 이치를
이제는 안다.

1. 간병인 종류

간병인은 요양보호사, 간병사, 간병인으로 나눌 수 있다. 요양보호사는 국가공인자격증을 취득한 준의료인으로, 요양병원에서 일을 할 수 있고 일반 병원에서 활동한다. 간병사는 협회 등을 통해서 일정 기간 교육 및 시험을 통해 간병사라는 민간 자격증을 취득한 사람이다. 간병인은 별도 자격증 없이 간호, 간병에 대한 간단한 지식을 배운 후 일을 하는 사람이다. 한국의 경우 평균 월 300~400만원에 달하는 경제적 부담으로 가족이 직접 간병을 선택하는 비중이 높은 편이다(보건복지부).

2. 간병인 보험

간병인 보험은 주로 노후에 간병이 필요할 때 발생할 수 있는 경제적 부담을 덜기 위해 설계된 상품이다. 한국의 간병인 보험은 크게 두 가지 형태로 나뉜다.

현금 지원형 : 보험 가입자가 간병인을 고용할 경우, 일정 금액을 하루 단위로 지급하는 방식이다. 이 보험은 간병 서비스 이용 일수에 따라 보상을 제공하며, 일반적으로 계약 시 설정한 금액이 지급된다. 예를 들어, 요양병원 입원 시 하루당 정

해진 금액이 보상된다.

간병인 직접 지원형 : 보험사에서 직접 간병인을 제공하는 형태로, 긴급 상황이나 장기 요양이 필요할 때 간병인이 파견된다. 이런 경우, 간병인을 배정받기까지 대기 시간이 발생할 수 있으며 보통 48시간 이내에 지원이 이루어진다.

보험 가입 시 갱신형과 비갱신형 중 선택할 수 있으며, 갱신형은 주기적으로 보험료가 인상되는 반면, 비갱신형은 초기 보험료가 높지만 유지 비용이 일정하다.

3. 간병인 신청 방법

정부 지원 서비스 확인 : 정부는 가사·간병 방문지원 사업과 같은 프로그램을 운영하고 있다. 이 프로그램은 소득 수준과 건강 상태에 따라 지원 자격이 결정된다. 만 65세 미만의 중위소득 70% 이하 가구에서 중증 장애인이나 장기 치료가 필요한 환자가 대상이다. 이때 보건복지부의 복지로 웹사이트나 보건소를 통해 신청할 수 있으며, 자격 요건을 확인하고 필요한 서류를 준비해야 한다.

(보건복지부 https://www.mohw.go.kr/menu.es?mid=a10709020300)

간호간병 통합서비스 신청 : 병원에서 전문 간호 인력이 간병을 제공하는 프로그램으로, 지원받기 위해서는 해당 서비스가 운영되는 병원에 입원해야 한다. 병원 사회복지사나 간호 부서와 상담하여 신청 절차를 진행할 수 있다.

개인 간병 서비스 이용 : 정부 지원 외에도 민간 간병 업체, 간병 서비스 플랫폼을 이용해 환자의 필요에 맞는 간병인을 찾을 수도 있다. 이 방법은 비용이 발생하지만, 필요한 조건에 맞는 간병인을 신속하게 찾을 수 있는 이점이 있다.

요양병원 간병 지원 시범사업 신청 : 보건복지부가 운영하는 시범사업에 참여하려면, 해당 병원에 입원한 후 간병 서비스 신청서를 제출해야 한다. 병원의 사회복지사나 간병 서비스 담당 부서와 상의하여 신청 절차를 진행할 수 있다.

(정부24 https://www.gov.kr/portal/ntnadmNews/3834569)

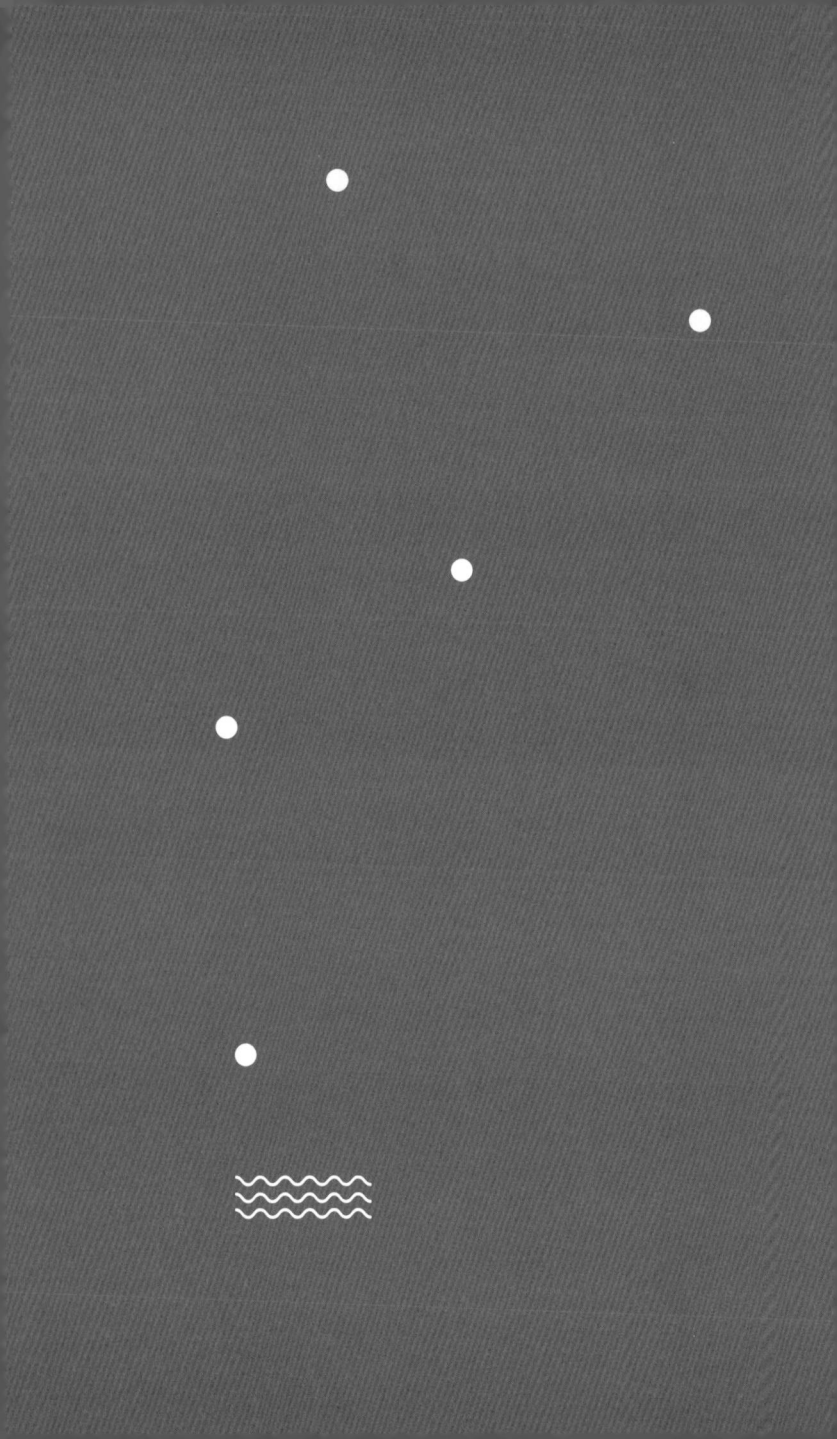

너와 내가
그리는 무지개

천민지

천민지 〰〰〰

자폐성 장애 3급 아이의 엄마이자 한 남자의 아내. 아이를 만나고 발달장애 세계에 빠져들었다. 10년이 넘게 장애를 가진 아이와 고군분투하며, 내면이 단단한 사람으로 자라났다. 그림을 그리며 장애 예술가를 꿈꾸는 아이를 위해 글을 쓰기 시작했다. 현재 브런치 스토리에서 에세이 크리에이터 오벳으로 활동하며, 장애아이 일상 이야기를 연재하고 있다.

장애를 만나 새로운 삶을 살아가게 되었다. 힘들었던 나날들을 통해 아이의 장애를 인정하고 받아들이게 되었다. 납득은 관계의 회복과 자유로워짐으로 이어졌다. 장애를 딛고 한 걸음 나아갈 용기도 낼 수 있게 되었다. 그림을 그리는 아이와 글을 쓰는 엄마로서 새롭게 출발하는 인생 제2막에 들어선 참이다. 앞으로 펼쳐질 그 길이 아름다운 무지갯빛 여정으로 이어지길 소망한다.

너와 내가 그리는 무지개

우아한 백조에서 초보 엄마로

반짝임을 가득 품은 샹들리에. 그 아래 티 한 점 없이 매끄러운 대리석 플로어가 은은하게 빛난다. 부드럽고 잔잔한 피아노 소리가 공간을 채운다. 벽에 걸린 무채색의 그림에는 앞으로 끝없이 이어진 길 하나가 그려져 있다. 넓지도 좁지도 않은 길 위를 묵묵히 걸어가는 한 사람이 바라보는 모습일까. 그림을 바라보며 로비 한쪽의 엘리베이터를 기다린다. 깔끔하게 다림질된 검은 유니폼, 한 올의 흐트러짐 없이 정돈된 머리와 단정한 화장을 한 모습으로. 호텔에 입사한 지 5년이 되어서야, 그토록 간절히 원하던 VIP 라운지 근무를 하게 되었다. 호텔리어가 되고 싶다는 생각은 대학생 때부터였다. 국제 세미나 스텝으로 일하며 호텔을 드나들었고, 호텔리어라는 세계를 만났다. 세련되고 우아한 외모와 몸가짐, 품위 넘치는 매너를 겸비한 그들은 마치 별세계 사람들 같았다. 그들을 향한 선망은 자연스럽게 호텔리어라는 꿈으로 이어졌다. 하지만 부모님의 극심한 반대에 부딪혔고, 전공과 다른 분야이기에 도전은 쉽지 않았다. 마침내 호텔에 들어왔지만 기쁨도 잠시, 혹독한 시간이 기다리고 있었다. 손님께 잘못된 서비스를 제공하거나 의도와 달리 언짢게 만들어 몇 차례 컴플레인을 듣기도 하고, 함께 일하는 동료와 호흡이 맞지 않아 힘든 적도 있었다. 그런 날에는 스스로를 탓하며 괴로운 나머지 뜬눈으로 밤을 지새우고는 했다. 머릿속으로 상황을 되돌려보며 잘못된 점은 고치고 장점은 더 발전시키려 노력했다. 단 한 번의 지각과 조퇴, 병가 없이 성실하게 앞만 보고 달렸다. 마침내 능력을 인정받아 원하던 부서로 옮기게 되었다. 그렇게나 닮고 싶었던 호텔리어가 되었지만, 여전히 불안했다. 겉으로는 우아하게 유유히 헤엄치고 있는 백조의 모습이었지만 마음은 두려움에 계속 발을 허우적대고 있었다. 그러다 한 남자를 만났다. 자신의 마음을 다정한 행동으로 전할 줄 아는 사람이었다. 새우와 게를 먹을 때 손수 살을 발라 접시에 살포시 올려

주었고, 아픈 날에는 집 앞까지 찾아와 약을 건네주었다. 일상에서 소소한 감동을 선사하는 그의 모습에 점점 마음이 끌리기 시작했다. 이 사람이라면 나의 불안함을 내려놓을 수 있지 않을까. 기대어도 되지 않을까. 강한 이끌림은 확신으로 이어졌고, 6개월 만에 휩쓸리듯 결혼을 하게 되었다. 신혼의 여유를 즐길 새도 없이 아이가 생겼고 일을 그만둘 수밖에 없었다. 우아했던 백조는 하루아침에 마법에 걸린 듯 초보 엄마로 변하고 말았다. 남편이 한창 사업으로 바쁜 시기였던지라 아침부터 밤늦게까지 육아는 오롯이 혼자의 몫이었다. 게다가 아이는 영아 산통으로 하루에 몇 번이고 자지러지게 울어 대었다. 몸도 약하고 예민하다 보니 아프면 온종일 안고 달래며 보초를 서야 했다. 힘들어도 사랑스러운 아이의 미소를 보면 다시 힘이 솟아올랐다. 그러다 아이가 돌이 되었을 무렵, 결국 몸에 탈이 나 버렸다. 문득 거울을 바라보니 목 밑이 유난히 부어 있는 게 아닌가. 병원에서는 갑상샘 저하증이라고 했다. 원인은 약해진 면역과 만성 스트레스. 자주 피곤하고 힘이 없던 이유도. 입맛이 없고 몸이 늘 부어 있던 까닭도 그 때문이었다.

너는 어느 별에서 왔니?

끼익. 문을 열자마자 보이는 대기실. 앉아 있거나, 누워 있거나, 장난감을 갖고 놀거나 아이들은 저마다 자신만의 세계에 빠져있다. 아이들 곁을 지키는 엄마들의 지친 모습과 불안한 눈빛에서는 소리 없는 탄식과 처절한 비명이 느껴진다. 대기실에 들어설 때마다 뭉크의 〈절규〉 속으로 발을 내미는 기분이다. 순간 치료실 너머로 들리는 아이의 비명에 한 엄마는 귀를 막고 웅크리며 어깨를 들썩이기 시작한다. 소리조차 내지 못하고 조용히 울음을 삼키고 있는 한 여자에게 나의 모습이 겹쳐 보이는 건 왜일까. 발달센터를 다니며 이런 상황을 종종 만났다. 그럴 때마다 불안한 마음에 곁에 있는 아이의 머리를 쓰다듬거나 손을 꼭 잡고는 했다. 잠시 후 놀이 치료 선생님이 나와 밝은 미소로 인사를 하고 아이와 함께 방으로 들어간다. 엉거주춤 따라가는 아이의 모습에 괜스레 눈시울이 붉어진다. 언제부터였을까. 아이가 여느 또래와 다름을 느끼게 된 게. 햇볕처럼 따스한 미소를 짓던 아이는 3살 무렵부터 점점 표정과 감정을 감추었다. 반짝이던 눈빛은 저 너머 무언가를 찾는 듯 어지러이 허공을 헤맸다. 제자리를 빙글빙글 돌며 팔짝팔짝 뛰는 아이의 몸짓은 낯설기만 했다. 자신의 기분과 생각을 의미 없는 반복된 소리로 전달하고, 통하지 않을 때는 울부짖으며 비명을 질렀다. 단지 늦된 걸까. 시간이 지나면 나아질까. 기다려 보아도 전혀 나아질 기미가 보이지 않았다. 결국, 아이가 4살이 되었을 때 발달센터의 문을 두드렸다. "어머니. 성휘는 다른 아이들과는 좀 달라요. 조용한 ADHD일 수도 있고, 정확하지는 않지만, 자폐 스펙트럼 양상도 약간 보입니다." 겉으로는 의연한 척했지만, 자폐 스펙트럼이라는 단어는 머릿속을 헤집어 놓았다. 이미 어렴풋이 느끼고 있었다. 아이의 증상을 검색해 보면 언제나 동반되는 단어가 <자폐>였다. 애써 부정하며 아니야. 아닐 거야 하고 넘겨버렸지만 이미 느끼고 있었다. 이후 발달센터에서 보낸 1년여의 기간은 다시 없을 고통과 절망으로 다가왔다. 엄마로서 살아온 모든 시간이 부정당하고 말았다. 과연 엄마의 자격이 있는 걸까. 나에게 문제가 있는 게 아닐까. 할 수 있는 건 온몸에 힘을 주고 버티는 것뿐이었다. 내가 무너지면 모든 게 끝인 줄만 알았다. "어머님. 지금 성휘도 어머님도 충분히 노력하고 있어요. 그러니 너무 애쓰지 않으셔도 됩니다. 불안한 마음 충분히 이해해요. 하지만 이대로는 아이도 어머님도 버틸 수가 없어요. 지금은 그저 아이의 모든 걸 응원하고 있는 그대로 받아 주어야 합니다." 순간 머리를 맞은 듯했다. 아이에게 도움이 되는 거라면 뭐든 하려고 했다. 꾸준하게 열심히 하면 언젠가는 나아질 거라고 믿었다. 집에서도 계속 센터의 수업을 따라 했다. 관심 없는 아이의 눈앞에 여러 사물을 들이밀며 반복적으로 같은 말을 되풀이했다. 나 혼자 평범함이라는 강압적 기준을 설정하고 아이를 끌어올리려 했다. 앞으로의 절망감, 상실감이 두려워서 아이를 객관적으로 바라보고 결론을 내리고 있었다. 그런 모습이 오히려 아이를 힘들게 하고 있었다니. 장난감을 가지고 놀고 있던 아이를 품에 꼭 안은 채, 주저앉아 엉엉 울어버리고 말았다. 어느 별에선가 외따로 지구로 떨어진 아이는 홀로 세상과 부딪치고 있었다. 그런 아이를 나의 시선으로만 바라보고, 있는 그대로 인정해 주지 않았다. 진정으로 우리에게 필요한 것은 관계의 회복이었다. 무엇보다도 엄마와의 관계가 단단해져야 비로소 아이가 뿌리를 내리고 안정을 찾을 수 있음을 깨달았다. 우리에게는 정확한 치료가 필요한 게 아니었다. 그날로 치료실에 발길을 끊었다.

장애, 이제 널 가족으로 받아들이려 해

아이의 자폐성 장애를 받아들이고 인정하기까지 10여 년의 시간이 필요했다. 고학년이 되어 청소년기로 들어서는 시기가 되니 확연하게 장애의 특성이 드러났다. 더는 미룰 수가 없었다. 아이를 위해서 장애 등록을 해야 했다. 이는 머지않아 부모의 품을 벗어나 사회에 나갈 아이가 유일하게 보호받을 수 있는 안전망이 되어줄 것이다. 소아정신과 교수님을 만나 장애 등록을 요청했다. 관련 절차와 필요한 서류를 안내받고 진료실을 나오며, 긴장이 풀린 건지 순간 몸에 힘이 빠졌다. 나도 모르게 곁에 있는 아이의 손을 꽉 잡았다. 그런 내 맘을 느꼈는지 아이는 환한 미소를 지었다. 그래. 잘한 결정이야. 널 위해 엄마는 그 어떤 용기도 낼 수 있어. 이후 썰물이 휘몰아치듯 빠르게 등록 절차가 이루어졌다. 웩슬러 아동 지능검사, ADOS 검사, 장애정도 심사용 진단서 및 진료 기록지,

발달센터의 기록 및 센터 선생님의 소견서, 아이의 자폐성 장애 특징 기록 등등. 아이의 장애를 증명하는 서류는 자그마치 손가락 한 마디 두께였다. 간절한 마음을 담아 신청을 하고, 한 달이 지났을까. 손 위에 봉투 하나가 전달되었다. 장애 심사 결과 서류가 담긴 노란 봉투. 떨리는 손으로 조심스레 봉투를 열었다. 잠시 눈을 감고 짧은 기도와 함께 심호흡을 내쉬며 종이 위의 글씨를 읽어 내려갔다. 가장 먼저 눈에 들어온 단어는 <정도 결정>이었다. 그 뒤를 이어 자폐성 심한 장애로 판정한다는 문장에 결국 참아왔던 눈물이 주르륵 흘러내렸다. 이제 우리는 자폐성 장애 가족이 되었다. 난 공식적으로 자폐성 3급 장애를 지닌 아이의 엄마가 되었고. 그토록 바라왔던 보통의 삶과는 안녕을 고했다. 하지만 평범이라는 기준을 버리니 지금의 시간이 다르게 다가온다. 아이의 모든 걸 지지하고 함께 하고 있음을 느끼는 이 시간이 더없이 소중하고 감사하다. "어머니. 성휘의 장애는 어머니의 잘못도 그 누구의 잘못도 아니에요. 우연히 누구에게나 일어날 수 있는 일입니다. 그리고 성휘가 너무 밝고 예쁘게 잘 자랐어요. 지금까지 어머니의 노력이 느껴집니다." 담당 교수님의 말 한마디에 비로소 아이의 장애에 대한 미안함과 자책을 떠나보낼 수 있었다. 이제는 안다. 더 이상 장애는 우리에게 고쳐야 할 문제가 아니다. 아이의 일부이자 정체성이기에 인정하고 함께 해야 한다. 지금의 삶을 존중하고 아이만의 속도와 방향으로 나아갈 수 있도록 한결같은 마음으로 지지하고 응원해 주는 엄마가 되겠다고 다짐했다.

그림을 그리고 글을 쓰며 꿈을 꿉니다

입구에 걸린 빨간 포스터 위에 <내가 그린 오티즘 전>이라고 가지런히 쓰여있다. 새하얀 벽 위에 나란히 걸려있는 그림들은 뚜렷한 개성을 품고 있다. 모두 발달장애 아이들이 그린 작품들이다. 여러 그림 사이에 <태양의 스펙트럼>이 자리하고 있다. 조각조각 다채로운 색의 파편들이 캔버스 위에 가득 흩뿌려져 있다. 마치 찬란하게 빛나는 색색의 만화경을 보는 듯하다. 이를 계기로 아이는 그림에 소질을 인정받았고, 장애 예술을 향한 걸음을 내딛기 시작했다. 아이가 펜을 쥐고 그림을 그리기 시작한 건 4살 무렵이었다. 하얀 도화지 위에 선과 동그라미를 잔뜩 채워나갔다. 그저 단순한 몸짓이 아님은 분명했다. 말을 하지 못하니 그림으로 자신의 이야기를 전달하고 있었다. 자동차, 우주, 곤충, 풀, 나무, 새들을 아이는 점과 선, 면으로 종이 위에 자유로이 표현했다. 끊임없이 관찰하고 꾹꾹 담아두었던 것들이 손끝에서 새로운 존재로 태어났다. 몇 년 동안 그림을 그리며 아이의 세계는 자라나고 내면의 힘이 쌓였다. 이는 자연스럽게 말문이 트이고 언어가 확장되는 과정으로 이어졌다. 아이는 천천히 자신만의 속도로 자라났다. 다행히 학교생활도 무탈하게 해낼 수 있었다. 하지만 고학년이 되면서 우리만의 여정이 필요하다는 걸 느꼈다. 그즈음 SNS를 통해 윤정은 작가님을 만났고, 발달장애 공동육아 <내가 그린 오티즘>에 참여하게 되었다. 한 달에 한 번 전국 각지에서 모여든 아이, 엄마들과 함께 하루를 보내며 일상을 만들어갔다. 공동 수업을 통해 서로를 알아가고 배려하며 질서를 배웠다. 아이들은 직접 칼질을 해서 음식을 만들어 먹었다. 오후에는 그림을 그리며 집중함과 동시에 자신을 표현하는 힘을 길렀다. 발달장애 아이에게 자조 능력 즉 자신의 힘으로 스스로 해내는 역량은 매우 중요하다. 혼자 할 수 있는 일들이 많아지면 자연스럽게 아이의 자존감은 자라난다. 이는 장애아이의 삶에 긍정적인 영향을 미친다. 혼자 하는 힘을 가질 수 있도록 엄마로서 인내하면서 응원하는 태도를 배웠다. 이제는 애써 힘을 주고 버티지 않는다. 때로는 넘어질 수 있고 주저앉아 울어도 괜찮다는 걸 알았다. 그렇다고 삶은 무너지지 않는다. 유연하게 흔들리며 흐름에 따라 맞추어 가는 게 옳은 방법이다. 아이의 속도에 맞추어 우리만의 방향을 찾아 나가는 중이다. 아이는 처음으로 장래희망이 생겼다. 따뜻한 그림을 그리는 멋진 장애 예술가가 되고 싶단다. 그 곁에서 난 장애 예술 매개자로서 아이의 그림에 관한 글을 쓰고 있다. 더불어 우리의 이야기를 전하고 또 다른 누군가에게 용기를 주고 싶어 브런치 스토리에 꾸준히 연재를 이어가고 있다.

글을 쓰면서 비로소 마음을 들여다볼 수 있었다. 힘들고 괴로웠던 과거의 나를 품고 안아주었다. 지금을 소중하게 여기고 누리는 여유도 생겼다. 비로소 장애아이의 엄마라는 정체성을 온전히 받아들이게 되었다. 앞으로의 여정을 그리며 아이와 함께 꿈을 꾸는 엄마로 성장하고 있다. 물론 장애아이 엄마의 삶은 여전히 어렵다. 자폐는 질병이지만 완치의 개념이 없기에 낫는 게 아니다. 그저 할 수 있는 일을 하며 온전한 하나의 주체로 살아가는 존재가 되는 것이 나의 바람이다. 분명한 건 장애는 나를 달라지게 만들었다. 과거의 나는 삶을 이끌어가고자 온몸에 힘을 잔뜩 주고 있었지만, 지금은 상황에 따라 유연하게 힘을 빼는 법을 안다. 아이의 속도에 맞춰 천천히 걸어가며 여유를 부리기도 한다. 아이를 작업실에 보내고 따뜻한 커피 한잔을 즐기며 글을 쓰는 지금이 더없이 소중하다. 각자의 자리에서 자신만의 일을 한다는 게 얼마나 감사한 일인지. 그만큼 아이도 나도 마음이 자라났기에 가능한 것이리라. 만약 장애아이의 엄마가 아니었다면 어땠을까? 여전히 보통의 삶을 따라가려 하고, 잡히지 않는 행복을 바라보고 있었겠지.

걸림돌이라고 여겼던 아이의 장애는

오히려 우리가 도약할 수 있는 든든한 디딤돌이 되었다.

자폐스펙트럼

사회적 상호작용과 언어적, 비언어적 의사소통의 장애를 가리킨다. 상동행동과 반향어, 특정 분야에 관심을 두는 특징을 지닌다. 인지적 공감 능력이 부족해 타인의 감정을 읽고 이해함에 어려움이 있다. 동시에 자신의 감정을 인지, 표현하는 능력이 부족하다. 더불어 감각이 예민한 경우가 많아 과도한 자극에 대해 폭발적인 반응을 보이기도 한다. 장애 당사자 각자의 정도차이와 문제 행동이 광범위하기에 스펙트럼 장애로 부른다. 진단하기 위해서 인지 평가 및 발달 평가, 자폐증 평가 척도(CARS), 자폐증 진단 관찰 스케줄(ADOS), 자폐증 진단 면담지(ADI-R)을 활용한 검사를 시행한다.

(서울아산병원 사이트 <질환백과>, 특수교육학 용어 사전. 2009)

자폐성 장애등급

자폐성 장애등급은 1~3급인 중증 장애로 이루어져 있다. 장애등급을 받기 위해 웩슬러 아동 지능검사(WISC)와 자폐성 척도(K-CARS) 검사 결과지, 소아정신과 전문의가 발급하는 장애 정도 심사용 진단서, 자폐적 성향, 태도, 보호자의 면담이 기록된

6개월 분량의 진료 기록지가 필요하다. 더불어 자폐적 장애를 증명할 수 있는 보완자료도 함께 제출하는 게 좋다. 서류를 모아 각 지자체의 주민 센터에 제출하면 국민연금관리공단에서 심사를 진행한다. 최근 들어 장애 진단 절차가 까다로워져 장애를 증명할 수 있는 다양한 서류를 준비하는 게 좋다.

웩슬러 아동지능검사 (WISC. Wechsler Intelligence Scale for Children)

만6세 0개월에서 만16세 11개월까지의 아동의 지적능력을 파악하기 위해 실시한다. 언어성 소검사, 동작성 소검사로 구성되어 있다. 언어성 IQ, 동작성 IQ로 전체 IQ 점수가 산출 된다. 특수 교육이 필요한 아동을 파악하고 진단 후 교육적 또는 임상적 도움을 주기 위해 널리 활용되고 있다.

(특수교육학 용어 사전. 2009)

ADOS (Autism Diagnostic Observation Schedule, 자폐증 진단 관찰 스케줄)

자폐 스펙트럼 장애를 더욱 정확하게 진단하고 평가하기 위해 사용되는 검사방법이다. 놀이와 활동을 통해 환자를 관찰 후, 진단을 내린다. 연령과 언어 수준에 따라 4개의 모듈로 구성된다. 의사소통, 사회적 상호작용, 놀이, 상동적 행동, 기타 관찰 사랑을 기록하고 분석해서 진단평가를 내린다.

(건강용어사전. HI.DOC)

추천 도서

윤정은 『내가 그린 오티즘』『어떤육아, 두밤여행』 도서출판 이곳
토머스 암스트롱 『증상이 아니라 독특함입니다』 새로온 봄
존 돈반, 캐린커처 『자폐의 거의 모든 역사』 꿈꿀자유 서울의학서적

지금은
행복을 봅니다

유키

(유 키) 〰〰〰

부산에서 음식점을 운영하며 작가의 삶을 꿈꾼다.
결혼 17년 차로 강아지 두 마리, 고양이 다섯 마리, 거북이 두 마리 그리고 남편과 함께 살고 있다.

고질적인 정신병으로 깊고 긴 터널을 지나는 환우들과 그 가족들의 마음에 한 가닥 희망이 되었으면 하는 바람으로 용기를 내어 글을 썼다.

그리고, 우리도 사회의 한 구성원으로 제 몫을 할 수 있다는 걸 알려주고 싶다. 부디 동정 어린 눈빛 대신 독특한 개성을 가진 친구를 바라보는 시선으로 대해주시길 바라며….

지금은 행복을 봅니다

나는 정말 불효녀

"아빠가 어젯밤에 날 죽이려고 칼 들고 내 방에 왔잖아!" 온 동네가 떠나갈 듯이 고래고래 소리를 지르자 남편이 놀라서 달려왔다. "경아야 그게 무슨 말이야? 아빠가 너를 왜 죽이는데?" 나는 또 외쳤다. "지금도 나 죽이려고 저 방문 뒤에 숨어 있잖아!" "아버님, 가을이 데리고 일단 밖으로 나가세요." 아빠와 강아지를 서둘러 내보낸 남편은 내 팔을 붙들고 말했다. "경아야, 눈 떠봐. 창문 밖에 있다. 봐봐. 아버님이 어딨는지 봐봐." "거짓말, 문 뒤에서 숨어있다고!" 나는 눈을 감은 채로 외쳐댔다. 그리곤 속으로 생각했다. '이거 진짠가? 가짜면 영화제 남우주연상 감이네.' 남편은 나를 안정시키며 눈을 뜨라고 말했고 나는 사실을 확인했다. 아빠는 가을이와 밖에 나가 있었다. 나는 얼굴이 화끈 달아올랐다. '뭐야, 아니잖아! 내 머릿속 생각이었잖아…' 남편은 대학병원에 전화했고, 주황색 옷을 입은 건장한 남자 두 명이 집으로 들어와 양쪽에서 내 팔을 붙잡아 응급차에 실었다. 친정집 동네 골목에 사람들이 여럿 나와서 내가 끌려가는 광경을 지켜보고 있었다. 응급실로 옮겨진 나는 몇 가지 검사를 위해 커튼을 친 침대에 엄마와 단둘이 남겨졌다. 나는 엄마에게 말했다. "엄마, 밖에 나가지 마라. 아빠가 엄마도 죽이려고 기다리고 있다. 여기 내 옆에 있어라." 엄마는 "알았다."라고 대답했고, 나는 엄마에게 "엄마, 우리 아빠 누군데?"하고 물었다. 엄마는 "○○○이다." 하고 아빠 이름을 말했다. 나는 진짜냐며 재차 몇 번이고 물었고, 엄마는 몇 번이고 친아빠가 맞다며 아버지 이름을 말했다. 그 와중에 간호사들이 나더러 가자고 했지만 "잠시만요. 잠시만요!"하면서 엄마를 붙들고 "엄마, 혹시라도 내가 잘못되면 이모한테 가라. 이모한테 가서 살아라."라고 외쳤다. 몇 번이고 가자고 재촉하는 간호사를 뿌리치며 버텼다. 이동식 침대에 옮겨지지 않으려고 거세게 저항하는 내게 의사는 주사를 놓았고 나는 기절하고 말았다. 정말 오랜만에 든 잠이었다.

이상한 집

12년 전쯤의 가을이었다. 남편이 장사를 시작하게 되어 친정집 근처로 이사하게 되었다. 마침 좋은 자리에 집이 나와 있었다. 그 집은 할아버지 때부터 면식이 있는 어른들의 집이었다. 그 집 아주머니는 이상하게도 우리가 이사 오는 것이 싫다는 인상을 풍겼지만, 시간적 여유가 없는 터라 그 집으로 들어가길 고집했다. 교통이 편하고 그때 우리가 가진 예산과 딱 맞는 데다 넓은 평수의 집이었다. 친정집 식당과 마주 보는 위치라서 나는 더욱 마음에 들었다. 물론 그 집에도 문제가 하나 있었다. 3층짜리 건물이었는데 1층은 사무실이었고 2층이 주인집, 3층이 우리가 세 들어가 살 집이었다. 우리가 들어가기 전에 방 하나를 화장실로 바꿨는데 그곳에서 2층 거실 천장으로 계속 물이 샜다. 주인집 바깥 어르신은 화장실 바닥만 깨서 손보면 되는 간단한 작업이라 말씀하셨지만, 우리가 입주할 때까지도 고쳐지지 않았다. 공사 책임을 맡은 아저씨는 원인을 몰라 우리 탓을 하기 시작했고 주인집 아주머니는 나를 괴롭히기 시작했다. 원래 창고를 사용하게 해 주기로 하고 계약을 했는데 창고에 있는 내 짐을 다 치우라고 시키질 않나. 보일러실에 물이 터지자 아버지를 불러 손을 보라고 하질 않나. 물세도 한 달에 얼마씩 주기로 정해졌는데 n/l로 내라고 하고, 지금 이사하면 이사비 반을 대주겠다고 종용하기에 이르렀다. 정말 상식 밖의 아주머니였다. 차라리 모르는 남이면 당당하게 말할 수 있었겠지만, 집안 어른들끼리 아는 처지라 눈치 아닌 눈치를 보게 되었다. 화장실 공사 문제로 물도 제대로 못 쓰는데 오히려 주눅이 들었다. 서러운 셋방살이 신세가 되고 만 나는 남편에게 사정을 토로했지만, 남편은 참으라고만 했다. 그래서 아빠에게 말했더니 화가 나셔서 그 집 바깥어른에게 이야기했고, 바깥 어르신은 아주머니에게 화를 냈던 모양이다. 그러자 아주머니는 또 나를 앉혀 놓고 집에 어른이 있는데 왜 친정아버지에게 얘기했냐고, 애도 아니고 다 큰 어른이 왜 그러냐며 핀잔을 주었다. 사실 건물은 할머니 명의였으나 계약서는 그 집 며느리인 아주머니하고 썼다. 서로 간에 유대가 있고 바깥 어르신은 믿음직하기에 그대로 진행했는데, 이 아주머니는 갈수록 도가 지나쳤다.

언젠가 한 번은 1층 사무실 옆에 건물로 올라가는 대문을 잠갔다. 밖에서 아빠는 2층 어르신을 부르며 문 열어달라고 소리를 쳐야 했고 한참이 지나서 나온 그 집 딸이 나에게 "죄송해요. 제가 들어오면서 문을 잠갔나 봐요." 하며 미안해했다. 하지만, 그것은 누가 봐도 사실이 아니었다. 물세 때문에 1층 사무실 아저씨와도 다툼이 났는데 1층 아저씨는 "왜요? 마음대로 물도 못 써요?" 하며 당당하게 싸웠다. 사무실은 오래 전부터 그 집 할머니와 계약하고 자리 잡고 있었다. 이 아주머니가 도대체 왜 이러나 싶었는데 들리는 이야기로 아주머니의 속내를 알게 되었다. 3층은 첫애를 낳은 둘째 딸에게 주고 싶었고, 1층 오토바이 상사 사무실은 자기 아들 자전거 사업장으로 쓰고 싶었던 거다. 계속해서 물은 새고 공사 책임자인 아저씨는 우리에게 물을 쓰지 말라고만 하고…. 애초에 화장실 바닥만 깨면 된다던 공사는 주방까지 다 뜯겨나가기에 이르렀다. 보다 못한 우리 아빠는 물 나가는 관을 바깥으로 빼라고 했다. 그러면 우리 집 안에서 공사하는 일은 없으니까…. 결국, 3층의 원래 화장실이던 창고에서 공사가 진행되었고 아주머니는 심통이 났다. 2층 현관문을 활짝 열어두고는 내가 들으라는 듯이 여러 말을 했다. 그러는 동안 내게 문제가 생기기 시작했다. 집에서는 말소리도 조용조용하게 되었고, 아무것도 하지 못하게 되었다. 나는 창밖을 바라보거나 누워있거나 둘 중 하나만 하는 상태가 되었다. 아침 일찍 나가 밤에 돌아오는 남편은 아무 눈치도 채지 못했다. 식사는 그동안 친정 가게에서 했는데…. 어느 날부터인가 나는 바깥에도 나가지 않았고 자연스레 식사도 끊었다. 아빠에게 왜 요즘 안 오냐는 전화가 왔을 때 "나 이제 가게 안 가~."하고 짧게 대답하고 끊었다. 그리고는 벗어날 수 없는 굴레에 갇혀 입을 닫고 생각만 하기에 이르렀다. 온통 부정적인 생각이었던 듯하다. 2층에서 무슨 말을 하나 듣기에 급급했고, 밤에는 잠을 이루지 못하는 날들이 지속되었다.

진이

그리고 그 무렵, 친정 가게에서 키우는 암컷 고양이가 지붕에 앉아 있다가 밤중에 누군가 던진 돌에 맞는 걸 보게 되었다. 이름이 진이었던 그 고양이는 새끼를 낳아 기르던 중이었다. 고양이 싸움 소리에 날카로워진 사람 중 가끔은 그런 사람도 있었다. 그냥 눈에 보이는 고양이에게 화풀이하는 사람···. 진이는 돌을 맞고 지붕 어딘가 숨어서 아프다고 울었다. 나는 그 광경을 바라보며 아무 말도, 아무것도 할 수 없는 나 자신에게 더 아픔을 느낀 것 같다. 그날부터 나는 밤에 잠을 자지 않고 창밖을 바라보며 진이를 지켜보게 되었다. 새끼가 지붕에서 떨어져서 울면 내려가서 다시 지붕으로 올려주었고 다른 고양이가 가게로 와서 영역 다툼을 하면 물을 뿌려 내쫓기도 했다. 그런데 그 행동들을 누가 했을까? 아무 말 못하고 꼼짝도 못 하던 내가 했을까? 자는 남편을 깨워서 시켰던 거다. 그쯤 되자 남편도 내가 이상한 걸 눈치채게 되었다. 나는 진이를 보며 세상이 너무 아프다고 생각했다. 인간이 죄를 지어 삶을 사는 고통을 겪는 거라고···. 그러고선 내 안으로 점차 침식되어 혼자 생각하고 혼자 말하는 상태에 이르렀다.

어느 날인가 남편에게 형광등을 뜯어보라고 했다. 거기에 분명 도청기가 있을 거라고···. 허허허. 지금 생각해보면 정말 어이없는 말이지 않은가! 남편은 없다고 했고, 나는 분명히 있다고 2층에서 내가 하는 말을 다 듣고 있다고 말했다. 급기야는 남편이 2층 바깥어른에게 우리가 말하는 소리가 들리냐고 했고, 혹시 "집안 얘기가 담장 밖을 넘어가면 안 된다."라는 말을 하신 적이 있냐고 물어보기까지 했다. 2층 어른은 그런 적이 없다고 했다. 나는 남편에게 내가 이상해진 것 같다고, 이 집에 있으면 안 될 것 같다고, 친정집에 가서 지내겠다고 했다. 거처를 옮기고 남편은 내가 너무 밖에 안 나가서 그런 건가 싶어 영화관에도 데리고 나가고 쇼핑도 데리고 나가고 유원지에도 함께 갔다. 그런데 제대로 즐길 수가 없었다. 시내에서는 저기 멀리 건물 앞에서 어떤 남자가 날 죽이려고 칼을 숨기며 노려보고 있었고, 극장 안에서도 그 남자가 따라다녔다. 바깥에 나가는 것이 너무 무섭고 불편했다. 그래서 남편은 혼자 집에 있으면 무슨 일이 생길까 싶어 낮에는 친정 부모님 가게에 나를 맡기고 일을 다녔다. 친정 가게에서는 계속 눈물이 흘렀다. 말을 시켜도 말을 할 수 없고, 눈물만 흘렀다. 내 머릿속에서는 부정적이고 슬픈 잔상들이 끝없이 솟아났다.

    그때부터 아버지는 병원을 수소문해서 이 병원 저 병원을 데리고 다녔고, 시간이 오래 걸리는 대학병원에는 남편이 데리고 갔다. 큰 병원에서는 입원을 권했지만, 처음엔 약을 먹고 나아지길 빌었다. 그러던 도중 며칠이나 지났을까? 내 망상은 극에 달해 아버지가 칼을 들고 날 죽이러 왔다고 소리 지르는 상황이 된 것이다.

병원 생활

얼마쯤이나 잠을 잔 것일까? 눈을 떴을 땐 낮이었고 나는 환자복으로 갈아 입혀져 1인실에 누워있었다. 의식이 돌아온 나는 병원인 걸 확인하고 마음을 놓았다. '여기 있으면 안전해. 날 죽이러 오지 않을 거야!' 아무도 없었다. 2층 주인집 아주머니도, 부모님도, 남편도, 내 강아지와 고양이들도, 그리고 진이도…. 처음으로 나는 오롯이 나에게만 신경 쓸 수 있는 환경을 가지게 되었다. 이곳에서는 그저 밥 먹고 약 먹고 씻고 걷다가, 또 밥 먹고 약 먹고 프로그램 참여하고, 밥 먹고 약 먹고 씻고 자다가, 아침이 오면 운동하는 일상의 반복이었다. 조금 안정을 되찾은 듯 보이자 나는 여러 가지 검사를 했다. 그리고 여러 가지 약을 테스트했다. 그리고 가족들과의 면담이 이뤄졌다. 다리가 저려서 도저히 참을 수가 없어 밤에 약을 지어 받기도 하면서 각종 부작용에 대응해가며 나에게 맞는 것을 찾는 과정이었다. 병동엔 휴대전화는 물론 TV도 없었고 공중전화기가 한 대 있을 뿐이었다. 창문 밖에는 창살이 덧대어져 있고 출입구도 밖에서 허가할 때만 드나들 수 있는 구조였다. 환자들은 하루에 한 번, 의사와 보조원의 인솔하에 병동을 나가 병원 내 편의점이나 흡연실을 이용하는 산책을 할 수 있었다. 나는 담배를 태웠기에 그 시간이 무척 기다려졌는데, 이게 무슨 일인가! 병원 안에서도 시아버지 닮은 사람이 날 죽이려고 내 옆을 지나가고 있었다. 병원 안을 돌아다닐 때도 어디선가 누군가 눈을 마주치면 그 사람이 칼을 들고 숨어있었고 나는 내 옆구리를 움켜쥐고 불안에 벌벌 떨었다. 몇 번이고 그런 일이 반복되니 산책하러 나가지도 못하게 되었다. 십몇 년을 피워오던 담배까지 끊게 되었다. 쉽지 않은 일이 일어나자 의사는 왜 갑자기 나가지 않느냐고 물었지만 나는 사실대로 말하지 않았다. 가까스로 부여잡고 있던 내 이성은 그것이 망상임을 알고 있었기 때문이다. 단지 너무도 생생하기에 무시할 수 없는…. 그런 망상.

남편은 매일 나를 면회 왔다. 그리고 그날 있었던 얘기를 들려주었다. 그때까지만 해도 아빠는 나를 면회 올 수 없었다. 어느 날은 아빠가 무당을 불러 내가 사는 집에서 어떤 의식 같은 걸 했다고 했다. 그리고 우리 집 마당에 신줏단지가 모셔져 있다고도 했다. 그 무당이 신기가 있는 사람이 계속 기도를 하면 그게 더 커진다며 죽은 큰오빠의 유품인 성가정상(가톨릭교회에서 마리아와 성 요셉, 예수님의 가정을 나타내는 성상)을 버리라고 했단다. 아! 나의 아버지는 가슴에 묻은 자식의 물건을 미련 없이 버려버렸다. 애초에 무당을 부른 것 자체가 아버지에겐 있을 수 없는 일이었으나 자식 문제에 부모는 그런 것이다. 자신의 신념 따위는 얼마든지 버릴 수 있고 혹시나 하는 애타는 마음으로 뭐든지 할 수 있는 거다. 또 다른 한 날은 집을 샀다는 얘기도 해 주었다. 아빠는 내가 집이 없어 그런 설움을 겪고 병이 났다고 생각하셨는지 산동네에 싸게 나온 집을 하나 사서 뼈대만 남기고 다 뜯어내어 새로 짓는 대공사를 하신다고 했다. 지금 생각해보면 없는 살림에 아빠가 얼마나 마음이 아팠으면 그렇게까지 하셨을까 싶다. 내가 퇴원하면 다시는 셋집으로 돌아가지 않게 준비가 이뤄지고 있었다.

병원에서는 환자들에게 출입구부터 병실 사이에 난 기다란 복도를 걷는 것을 권했다. 그래서 환자들은 일정 시간이 되면 누가 뭐라 하지 않아도 일정 시간이 되면 복도를 왔다 갔다 거렸다. 나도 물론 그러했다. 그곳엔 나를 위협하는 그 어떤 망상도 없었다. 어느 날인가 복도를 걷다가 창밖의 남자와 눈이 마주쳤다. 우리 병동은 4층이었고 창밖 왼쪽에 있는 건물의 3층이었다. 그런데 이건 또 무슨 일인가! 주인집 아저씨가 나를 쳐다보고 있었다. 나도 얼이 빠져서 한동안 눈을 떼지 못했다. 저 아저씨가 여기 왜 있지? 내가 상태가 더 나빠진 건가? 그래서 같은 방에 생활하는 환자 보호자에게 물어보았다. "아주머니, 저긴 어떤 건물이에요?" 아주머니가 말했다. "얘야, 거긴 무서운 곳이란다. 암 병동이야." 암 병동이라고? 줄담배를 피우시긴 했지만, 그 집에 살 때 그런 얘기나 낌새는 전혀 없었는데……. 그래서 나는 남편에게 그 일을 말하고 내가 헛것을 본 건지 확인해보았다. 그리고선 아버지가 알아보니 암에 걸렸는데 치료를 거부하고 그냥 생활하고 있었다는 답이 왔다. 적어도 내가 헛것을 본 게 아니니 다행이었다. 평온한 날들이 계속되었다. 조금은 이상하지만 그래도 말이 통하는 친구들도 생기고 점차 나는 밝아지기 시작했다.

한 번은 병실 밖 창가에 서 있었는데 대각선 방향의 건물 복도에서 아버지를 보았다. 아버지는 면회가 되지 않아 내 방이 보이는 곳에서 나를 바라보고 계셨던 거였다. 당신 눈으로 자식의 안전을 확인하고 싶어 그렇게 몇 날 며칠을 하신 것인지 모르겠다. 아버지의 마음을 능히 짐작할 수 있었기에 나도 마음이 아프고 시렸다. 그 후로 아버지는 나를 면회 올 수 있게 되었다. 부모님은 장사 중간에 짬이 나면 먹을거리를 가지고 나를 찾아오셨다. 내가 멀쩡한지 확인하시고는 안도하셨다.

드디어 찾은 자유

나는 나 스스로가 괜찮아졌다고 느끼게 되었다. 그래서 테스트를 해보았다. 산책하러 나가는 것이다. 조심스레 나갔던 그날. 아무 일도 일어나지 않았다. 나를 위협하는 그 어떤 것도 없었다. 나는 기뻤고 자유로움을 느꼈다. 스스로가 편안해지고 병이 나은 것 같은 기분이 들자 집에 있는 우리 강아지들과 고양이들이 보고 싶어졌다. 영문도 모른 채 사라진 나를 얼마나 애타게 기다리고 있을지 생각하니 애가 탔다. 남편 말로는 큰 고양이 메롱이는 내가 없어지자 밥도 안 먹고 창가에 앉아 밖을 바라보며 3일을 있었다고 했다. 그리고선 애들을 위해서라도 나아야 하지 않겠냐고 했다. 나는 당장이라도 퇴원하고 싶었지만 의사는 아직 나은 게 아니라며 붙잡았다. 부모님께 졸라봤지만, 엄마는 추석이 지나고 퇴원하길 바라셨다. 그해 여름을 병원에서 보냈지만, 시간의 흐름에 따라 어둡고 축축한 생각들은 떠내려갔다. 내 기분은 좋아졌고 표정도 밝아졌다. 병원에서는 아직 불안정하다고 했지만 나는 강력히 퇴원을 바랐다. 가족들의 동의로 추석이 지난 후에 병원에서 나왔다. 퇴원 때까지도 정확한 병명은 나오지 않았다. 그저 우울증에 듣는 약을 쓰고 있었을 뿐이다. 의사는 내게 누누이 강조했다. 이 약이 정신과 약이 아니라 비타민이라고 생각하고 꼭 먹어야 한다고, 거르면 절대 안 된다고 신신당부를 했다. 재입원하는 환자 중에 약 복용 지시를 어겨서 돌아오는 사람이 많다고 가족에게도 지켜보라고 했다. 퇴원 후에도 한동안은 아슬아슬한 경계를 오갔기에 통원 치료를 받았다. 집에만 있는 것이 좋지 않은 영향을 끼치는 것 같아 가을이 지날 무렵에는 남편이 운영하는 가게에서 일을 시작했다. 1년쯤 지났을까? 내가 살던 그 이상한 집에서는 주인아저씨가 돌아가셨다는 소식과 건물을 팔고 동네를 떠났다는 소식이 들렸다. 만약 그 집에 계속 살았더라면 아마 죽었거나 정말로 미쳐버리지 않았을까. 그로부터 2년 뒤에 나는 조울증 진단을 받고 입원했지만 금방 퇴원했으며 지금까지 별 탈 없이 지내오고 있다.

　　벌써 십여 년이 지난 일이 되었다. 이제는 스스로 약을 조절할 수 있는 감이 생겨서 진료 때마다 약을 가감하기도 한다. 조울증약을 먹으면서 식욕이 올라 20kg이나 살이 쪘다. 대신 급한 성격은 눌러지고 예민한 부분은 무뎌지고, 매사 부정적이던 생각들도 사라졌다. 그 사이 아버지가 지어주셨던 집이 있는 동네가 재개발되어 우리 집은 큰 차익을 남기고 팔렸다. 지금 사는 신축 아파트로 이사 오던 날 아버지가 어찌나 기뻐하시던지. 지금 생각해보면 그렇게 인생의 한고비가 지나갔구나 싶다. 지금은 말하지 않으면 내가 조울증이란 사실을 알아채지 못할 정도로 회복했지만 약을 끊을 수는 없다. 다른 사람은 어떤지 모르겠지만 내 경우에는 이 약을 먹는 한 아이를 가질 수 없다. 약을 끊고 한 달이 지나야 임신 준비를 할 수 있다고 했다. 지금껏 약을 가감하고 조절해 본 결과 불가능함을 안다. 그래서 우리 부부는 아이 가지는 것을 포기해야 했지만 나는 지금 행복하다. 두 마리의 엄마 바라기 강아지들과 잔잔히 곁에 자리를 트고 앉아 기대는 고양이들, 아플 때는 상상도 할 수 없던 낯선 이들과의 조우, 악기연주와 독서 모임과 등산 등등 이제까지 해보지 못한 다양한 취미생활을 누리며 산다. 계절의 변화처럼 사소한 일상에도 즐거워하는 마음의 여유는 그 무엇과도 바꿀 수 없다. 나를 목숨처럼 사랑하는 부모님과 깊고 긴 터널을 통과할 수 있도록 나를 끝까지 보호하고 살뜰히 챙겨 주었던 남편이 있었기에 지금을 누릴 수 있는 거겠지.

내게 주어진 모든 것에 감사하고,
또 감사하며 나는 그저 지금의 행복을 본다.

조울증

기분 장애의 대표적 질환 중 하나. 기분이 들뜨는 조증이 나타나기도 하고, 기분이 가라앉는 우울증이 나타나기도 하며 '양극성 장애'라고도 한다. 우울증에서 우울 장애보다 양극성 장애를 시사하는 소견으로는 젊은 나이에 발병, 급성 발병, 수면 과다, 항우울제 치료에 효과가 없는 경우 등이 있다.

원인

명확한 원인이 밝혀지지 않았으며 현재 유전적 요소, 신경생물학, 정신 약물학, 내분비 기능, 두뇌 영상학 등의 영역에 관한 연구가 진행되고 있다.

치료

조울증의 기본적이고 가장 중요한 치료는 약물치료다. 약물치료를 중심으로 정신 치료적 접근을 통합한 포괄적인 치료 계획을 세우는 것이 중요하다.

경과/합병증

조울증은 호전과 재발을 반복하는 경향이 있으며 우울 장애에 비해 양극성 장애의 예후가 좋지 않은 것으로 알려져 있다. 반복해서 재발할 경우 지속적인 약물치료를 통해 재발을 방지하는 것이 중요하다. 양극성 장애는 70% 정도 우울증으로 시작된다.

예방방법

조울증의 예방에 관하여 알려진 방법은 없다.

지원체계

보건복지부에서 운영하는 중앙자살예방센터의 전화(1393)로 24시간 정신 상담이 가능하며 보건복지부 긴급전화(129)를 통해서도 위기 시 상담이 가능하다. 대부분 시·군·구 단위에서 운영하는 정신건강 복지센터를 통하면 전문의 상담과 사례관리를 제공받을 수 있다.

싱글맘 디스커버리

최은혜

최은혜 〰️

대학 졸업 후 발도르프 전문 어린이집을 거쳐 부천 소재 국공립 어린이집 장애 통합 교사로 일했다. 수습기간을 거쳐 홀트아동복지회 전문 강사로 한 부모 가정, 미혼모들을 위한 원 데이 베이킹 클래스를 진행했다.

봄, 여름, 가을, 겨울 그 계절 속에서 켜켜이 쌓아온 무수한 추억. 엄마의 무릎에서 책과 함께 자라는 아이와 보낸 시간들이 가장 아름다운 흔적이 되길 바라며 오늘 하루도 정성을 다해본다.

싱글맘 디스커버리

2021년 10월 14일, 춘천에서 인천으로 이사하는 날. 아침에 자몽이를 잠시 어린이 집에 보냈다. 어린이집 선생님, 친구들과 마지막 인사를 나누라는 뜻도 있었지만, 아이를 맡길 곳이 없었기 때문이기도 했다. 근거리 이사가 아니다보니 이른 아침부터 분주했다. 정든 우리 집, 뻥 뚫린 통유리 창문 바깥으로 보이는 안마산은 이제는 꿈에서나 볼 수 있을 테지 싶었다. 더디게 갔으면 좋겠는데 전문가들의 손길은 척척 잘도 움직인다. 하나 둘씩 짐들이 빠져나갔다. 사실 이사 과정 전부가 그러했다. 어떤 사업체에 맡길 건지, 금액은 얼마인지, 모든 선택은 내 손을 거치지 않았다. 원치 않았던 이사였기에 내게는 아무런 의미가 없었고 그저 외면하고만 싶었다. "짐 다 옮겼으니 한번 둘러보세요." 라고 하신다. 집안 곳곳을 사진으로 남겼다. 텅 빈 공간이 되었다. 누군가는 무슨 의미가 있냐 하겠지만 집안 구석마다 슬픔과 기쁨, 행복이 깃들어 있다. 무엇보다 자몽이와의 특별한 이야기와 손길이 묻어있는 곳이다. 점점 더 멀어질 기억에 이 순간을 떠올릴 수 있는 흔적이자 훗날 자몽이에게 엄마가 남겨주는 또 하나의 사랑이라 생각했다. 30여분을 그렇게 혼자 시간을 보냈다. 공간과의 헤어짐도 함께한 세월만큼 정이 드는 법일까. 내 몸과 마음을 기댈 수 있었던 사람과 다르지 않다는 생각을 했다. 자몽이를 데리러 어린이집으로 가니 담임선생님은 차량 지도하러 나가셔서 전화로 인사를 드렸다. 원장님께서 덕담을 건네신다. 인천 가서도 잘하실 거예요. 어머니를 아는걸요. 자몽이를 아는걸요. 그 말씀이 어찌나 힘이 되던지 왈칵 눈물이 쏟아졌다. 인천으로 가는 차안, 자몽이가 자다 깨서 이야기를 나누는 순간 외에는 오로지 침묵이었다. 창밖의 고속도로를 멍하니 바라보고 있었지만 시선 둘 곳이 없었다. 인천이 고향인데도 낯선 곳으로 향하는 길 같았다.

인천으로 급하게 이사를 오게 되었지만 남편은 직장을 바로 옮길 수 없었다. 기약 없이 주말 부부로 지내게 되었다.

평수를 줄여간다는 것을 알기에 춘천에서부터 많은 짐들을 정리하고 버렸다. 이사당일까지 직접 가보지는 못했던 곳이고 남편도 계약을 하면서 집을 확인하지 않았던 터라 찍은 사진조차 없었다. 춘천의 34평 아파트에서 1980년에 지어진 23평 아파트로 가게 된 이사. 사전에 나름대로 짐들을 정리했지만 이사당일 마주친 상황에서는 제약들이 많았다. 아이 책, 내가 보는 책, 아이 물건, 장난감, 살림살이들까지. 작은집에서 큰집으로 이사 가는 것은 무리가 안 되는데, 큰집에 살다가 작은집으로 이사 가면 정말 힘들다고 했던 직장 선배의 말도 떠올랐다. 포화상태라고 할까. 세탁기부터가 문제였다. 세탁기가 들어가야 할 공간에 들어가지 않는다는 걸 이사당일에야 알게 되었다. 해결방법은 세탁기를 작은 걸로 다시 사거나 세탁기를 분해하는 방법뿐이었다. 오래된 아파트였기에 소소한 것들조차 처리하는데 시간이 걸렸다. 이사 당일 처리할 수 있는 것들이 많지 않았다. 심지어 그날 밤 남편은 다시 춘천으로 올라가야하는 상황이었다. 이삿날 먹는 짜장면과 탕수육이 이토록 맛이 없을 수 있었나 싶었다. 안 그래도 차를 오래 타고 오느라 지치고, 낯설고 어수선한 집이 무서웠을 자몽이는 아빠가 간다는 말에 끝내 울음을 터뜨리고 말았다. 자몽이가 잠들 때까지 잠깐 셋이 침대에 누웠다. 전남편도 미안하다며 이게 아니라며 함께 울었다. 30여분쯤 흘렀을까? 더 늦기 전 가봐야겠다고 했다. 오늘만 자고 가면 안 되냐며 붙잡았지만 계속되는 시어머니 연락에 마음이 쓰였던 모양이다.

아침에 눈 떠보니 낯선 방, 낯선 곳, 페인트칠 냄새가 나는 방. 인천으로 이사 온 것을 새삼 실감했다. 거실에 나가보니 전날의 어수선함이 그대로 남아 있다. 남편은 다음 주말에나 올 것이다. 베란다부터 정리를 하고자 했다. 누가 예측하는 사고가 있겠는가. 자몽이 물건 중에도 무거운 짐이 많았고 장애통합교사로 일하며 모은 자료들도 무게가 상당했다. 비좁은 베란다에서 몸을 요리조리 움직여가며 박스를 옮기다가 그만 넘어지고 말았다. 박스가 머리에 떨어지지 않아 다행이라 생각했다. 조심해야지 하고는 일어나려고 하는 순간 허리부터 엉덩이까지 난생 처음 느껴보는 찌릿함이 전해졌다. 마치 전기에 감전된 것 같았다. 그 상태에서 꼼짝을 못했다. 뭔가 잘못됐음을 직감했다. 당장 움직여서는 안 되겠다는 생각이 들었다. 30분쯤 지나자 무서워졌다. 남편에게 전화했지만 당장 올 수 있는 거리가 아니었다. 친정 아빠에게 전화를 드렸지만 지방이라고 하셨다. 119를 부르라고 하셨지만 그게 또 무서웠다. 혹시나 나아질까 하염없이 기다렸다. 아빠가 자몽이를 픽업해서 오셨다. 아빠 차를 타고 야간 진료를 하는 정형외과를 찾았다. 엑스레이도 겨우겨우 찍었다. MRI를 찍지 않아 정확한 진단은 내릴 수 없으나 며칠 입원해서 집중 치료하는 것이 장기적으로 도움 될 것이라고 하셨다. 하지만 자몽이를 두고 그럴 수가 없었다. 마약성진통제를 투여 받고 집으로 돌아왔다. 며칠 뒤 전문정형외과에서 MRI를 찍고 검사를 받았다. 허리 1번, 엉치 부분에 신경뿌리병증을 동반한 요추 및 기타 추간판 장애를 진단받았다. 바로 입원 치료를 권하셨지만 나에겐 선택사항이 아니었다. 낯선 어린이집에서 적응해야 할 자몽이가 먼저였다. 당연히 엄마가 있어 줘야 한다는 생각뿐, 오로지 그 생각뿐이었다. 직장에서 오전 9시부터 오후 6시까지 앉아서 일을 하다 보니 다리가 붓고 저려왔다. 장기간 차를 타기 힘들고 오래 서있지 못하게 되었다. 통증은 일상의 한 부분이 되었다. 너무 아플 땐 가까운 정형외과에 가서 약을 처방 받아 먹었다. 자몽이를 위하느라 내 몸을 돌보지 못했다.

　　진단을 받은 후 2년이 흘렀다. 참고 지낼만했다. 아니 그래야했다. 내 몸을 위해 투자할 시간이 없었다. 자몽이에게 비염이 있어 주기적으로 이불빨래를 한다. 묵직한 이불의 무게감을 좋아하는 나는 결혼 당시 맞춤 제작했던 목화솜 이불을 사시사철 덮고 잔다. 목화솜 이불을 세탁하기 위해 들다가 다시금 크게 삐끗하고 말았다. 다쳤다고 바로 병원에 가지는 않는다. 그동안 그래왔듯이 여유분의 진통제를 먹으면 되니까. 며칠 지나면 괜찮아 질 거라 생각했지만 오산이었다. 진통제나 물리 치료로 해결될 통증이 아니었다. 15분 거리의 등원 길에도 식은땀이 나고 힘들어 중간에 몇 번씩 앉아서 쉬어가야 했다. 집안일은 미루게 되거나 하더라도 5배가 넘는 시간이 걸렸다. 그래도 하루하루 주어진 일들에 최선을 다했다. 다하고자 노력했다. 어떻게든 해내고 나면 진이 다 빠져버렸다. 포기는 하지 않았으나 그만큼 회복되는 시간도 점점 길어졌다. 조퇴하는 날이 많아지고 마음은 무기력해졌다. 이대로는 안 되겠다 싶었다. 일상을 꾸려가기 위해서는 내 몸을 우선적으로 챙겨야겠다는 생각이 들었다. 몸이 건강해야 일상을 꾸려 갈 수 있고, 내가 건강해야 우리 자몽이와 행복도 이어 나갈 수 있다. 정형외과 전문병원에 예약을 했다. 정확한 진단을 위해서는 엑스레이만으로는 한계가 있기에 MRI검사를 해야 한다고 했다. 처음에는 뭣 모르고 했지만 이번에는 경험해 봤기에 더 무서웠다. 시작 전부터 떨기 시작했다. 손에 공을 쥐어주면서 누르면 곧바로 검사 중단하겠다고 하셨다. 기계소음이 어찌나 무서운지 나는 나대로 소리를 내며 검사를 받았다. 담당자는 다음번에는 진정제 주사를 맞고 검사를 받는 편이 좋을 거라고 했다. 검사 결과에서는 2년 전 같은 부위 증상에 눈에 띄게 돌출되어진 부분이 보였다. 의사는 수술하기엔 나이가 젊다며 고주파열 디스크 시술을 권했다. 엎드린 상태로 국소 마취를 하고 디스크 내에 직경 2mm의 고주파 열을 내는 철사를 삽입 후, 철사에 열을 전달해 디스크의 상한 부위에 열을 직접적으로 가하여 튀어나온 디스크를 줄어들게 하고 잘못 자라는 신경을 태우는 시술이라고 하셨다. 수술경과, 효과에 대해 여쭤보았다. 사람마다 다르기에 답을 드릴 수 없다.는 말씀에 시술에 의지할건 아니다 싶었다. 꾸준한 근력운동,

물리치료 등 내 몸을 돌보는 일이 우선되어야한다는 것이 확실해지는 순간이었다. 허리가 아프니 힘을 내려고 해도 낼 수가 없었다. 힘을 내려고 할수록 아무것도 할 수 없어지는 듯했고 실제로 할 수 없는 것들이 많아졌다.

　　남편과의 마음의 거리는 가속도가 붙은 듯 멀어졌다. 종이 한 장의 차이 같았지만 하염없이 쌓이니 그 간격을 좁히려고 해도 방법이 없었다. 애쓰고, 처음의 모습을 잃지 않으려 할수록 마음은 메말라갔다. 서로의 이야기들은 헛되고 헛될 뿐이었다. 그때의 지옥 같았던 내 마음을 논리적으로 설명할 수 있다면 얼마나 좋을까. 벙어리가 된 것만 같았다. 종잡을 수 없이 아득하기만 했다. 내 마음은 저 깊은 곳으로 묻히고 있었다. 나의 삶은 생각지도 못했던 방향으로 흐르고 있었다. 남편이 건넨 이혼조정서류합의서 합의가 이루어지는 데에는 5개월이 걸렸다. 자몽이와 살고 있던 집에 가압류보험을 걸었을 때부터 자몽이와 둘이 살아갈 방향에 대해 생각하기 시작했다. 그때부터 조정이혼준비와 함께 열심히만 살았다. 무언가를 열심히 하고 있었지만 무작정 열심히 하고 있었을 뿐이다. 목적지도 없었고 이유도 없었다. 조정이혼신청서가 온 순간 세상에서 말하는 평범한 일상은 사라졌다. 내 몸은 내 것인데 나의 것이 아니었다. 희망이란 단어는 사전에만 존재하는 단어였다. 그렇게 꾸역꾸역 하루하루를 채워 2년을 보냈다. 자식을 둔 부모라면 말로는 수없이 이혼을 생각하고 내뱉는 말이겠다만 실제로 현실이 된다면? 그 누구도 쉽게 말하지 못할 것이다. 자식을 위해 무엇을 못할까. 가족. 그 자체가 우리 아이를 위한 것인데 말이다. 그래서 내 몸보다 자몽이와 새로 시작된 가정을 꾸려가는 것을 우선적으로 여겼다. 가족의 울타리를 지켜주지 못했다는 미안함 때문에 앞만 보고 달렸다.

기억하고 싶지 않았다. 부정하고 싶기도 했다. 그럼에도 그 흔적들을 붙잡고 담대하지 못했고 무모했다. 자몽이가 아닌 나에 대한 이야기, 가족이야기, 내 삶을 안면도 없는, 굳이 알리지도 않았던 그 이야기를 꺼내는 과정은 쉽지 않았다. 겉보기에는 예전과 다를 바 없는 일상을 꾸려나갔지만 버틴다고 되는 것과 아닌 것이 있다는 것을 안다. 싱글맘, 이제는 보편화되었다지만 그럼에도 평범하다고 하기엔 사회적 틀이 정한 모습에 우리는 특별했다. 내가 느꼈던 아픔들을 자몽이가 느끼지 않도록 지켜주고 싶었다. 상실감과 공허함이 사라지지 않는다는 것을 2년 동안 느꼈다. 내 몸이 견디지 못하는 것처럼 말이다. 나를 비정상으로 보는 소수 때문에 내가 먼저 세상과 사람들에게 선을 그었다. 결국 내가 만들어간 프레임이었다. 근래 읽었던 동화책 <프레임>에서는 환경미화원 아저씨의 이야기가 나온다. 누군가에게는 길거리 청소로 보일지 모르겠지만 이 아저씨는 자신이 지구를 청소하고 있다고 여긴다. 행복한 사람은 세상을 바로 보는 사람이었다.

새벽에 일어나면 영어공부를 하고 책을 읽는다. 자몽이 아침과 간식을 준비하고 자몽이의 아침 루틴을 같이하고 함께 집을 나선다. 점심시간에 집에 들러 자몽이 저녁준비를 하고 집을 청소한다. 퇴근길에 자몽이를 픽업해 와서 함께 시간을 보내며 짬짬이 집안일을 한다. 잠자리에서 동화를 읽어 주다 나도 모르게 잠이 들기도 한다. 중간에 깨면 집안일을 뒷정리하고 자몽이의 유치원과 학원 스케줄을 확인한다. 시간이 나면 책을 읽거나 영어 공부 숙제를 한다. 하루24시간이 모자라다. 그렇지만 작은 사소함이라도 배워가는 하루가, 감사함이 있는 자몽이네이다. 이것을 돈으로 환산할 수 있을까? 사랑하는 내 아가 자몽이에게 좋은 것들을 물려주고 싶다. 힘들 때나 기쁠 때나 책을 벗 삼는 기쁨과 꾸준히 일기 쓰는 습관. 육아서적을 아무리 많이 읽어도 내 삶에 적용하지 못하면 소용없다는 것을 안다. 좋은 글귀를 싱크대, 침대방 등 눈에 가장 잘 띄는 곳에 붙여놓고 자몽이에게 좋은 영향력을 끼치려고 하건만 잘하다가도 지치고 몸이 아파오는 순간순간이 있다. 근래에 들어서는 그 주기가 더 짧아졌었다. 내 몸이 힘들어지니 예민하게 느껴졌고 굳이 자몽이에게 하지 않아도 될 말을 길게 늘어놓기도 했다. 때로는 내가 아닌 다른 누군가가 잠시 몸에 들어왔었던 기분도 들었다. 어차피 상황은 동일하다. 해결해 나가는 방법이 중요하고 그 감정을 처리해 가는 모습이 더 중요하다. 자몽이가 알게 모르게 다 보고 있고 그대로 흡수하고 있다는 생각을 하면 정신이 번쩍 든다. 엄마가 된다는 것은 육면체를 다듬는 것과 같다는 생각을 해보게 한다. 부딪히기만 하면 찔렀던 곳곳을 둥글게 만드는 과정, 눈물로 마음으로 느끼고 깨달아가는 중이다. 아이와 함께 엄마도 성장하고 있다. 다음날 편지, 데이트, 평소 먹고 싶어 했던 음식 사 주기 등의 방법으로 자몽이에게 전날 있었던 일들에 대해 사과를 꼭 한다. 장난이 많은 자몽이는 엄마가 진심으로 이야기를 할 때 그 마음을 안다. 눈을 쳐다보고 있다. 또는 가슴뽀뽀를 하고 듣는다. 이야기를 하다가 자몽이가 마음이 아팠던 그 부분에 대해 내가 이야기를 하면 울음을 터트린다. "자몽이의 진짜 마음은 그게 아니잖아 그치? 엄마도 오해해서 미안해. 그리고 엄마가 먼저 안아주고 로이 마음 읽어줘야 했는데 그러지 못했어." 라는 식으로 이야기를 한다. 서로가 화가 났을 때 감정조절이 안 되기 마련이다. 그럴 땐 안방 침대로 가서 감정조절을 하고 다시 나와서 말로 자신의 감정에 대해 이야기하기로 서로 약속을 했다. 이렇게 서로가 부족한 부분은 채워주기도 하고, 보듬어주고, 약속을 지키고자 노력도 하며. 결과보다 최선을 다한 우리, 순간순간의 기쁨을 알아채는 우리의 모습을 경험하는 시간들이다.

자몽이가 커서 나를 좋은 벗으로 여기기를 바란다. 닮고 싶은 엄마가 되고 싶다. 그러기 위해서는 내가 먼저 잘 살아가는 모습을 보여주어야 한다. 응원과 격려 속에 겁 많고 용기 없던 나를 극복하고, 새로운 도전을 시작하는 그 첫걸음을 내딛는 출발선에 서있다. 이혼으로 넘어진 그날을 더 이상 실패로 여기지 않는다. 세상이 뭐라 한들, 남들 시선을 의식하지 않는 것, 내 자신을 사랑하는 것, 있는 모습 그대로의 나를 껴안아주며, 앞으로 엄마인 내 삶부터 채워나가는 것. 낮은 것에서부터 시작했으니 익숙한 듯 새로운 환경에 다양한 방법들을 시도해보고 적응해가고 배워가며 이렇게 세상을 바라보는 눈을 하나 더 갖게 된다는 것. 어떤 상황에서도 반드시 배울 점이 있고, 어떤 어둠 속에서도 할 수 있다는 믿음이 중요하다.

가능성을 품고 가는 그 마음의 힘이
분명 있다고 믿는다.

디스크

정식 질환 명은 요추 추간판 탈출증이다.

척추 뼈 사이에 있는 원판 모양의 디스크가 붓거나 튀어나와 신경 뿌리를 자극해 통증이나 방사통을 일으킨다. 허리 통증, 다리 저림, 발가락 저림 등 다양한 형태로 나타난다.

치료 방법

1. **약물 치료** : 주로 비스테로이드성 소염진통제나 근이완제 등을 처방한다. 미국 내과 학회에서는 급성, 만성 요통 환자에게 비약물치료를 우선적으로 권고하나 국내 허리디스크 환자의 약 80%는 진통제를 처방 받고 있다.
2. **비수술 치료법** : 척추 질환에 사용되는 비수술 치료법은 크게 네 가지로 신경성형술, 경막외내시경레이저시술, 고주파수핵감압술, 디스크내플라즈마감압술이다.
3. **수술 치료법**: 양방향척추내시경 수술, 미세 현미경 디스크 제거술 등이 있다.
4. **디스크 예방 및 개선** : 서울대학교 재활의학과 정선근 교수는 대부분의 디스크는 자연치유 가능하므로 섣불리 수술

하는 대신 운동요법을 병행한 자연치유가 최선이라 말한다.

1. 걷기 운동 : 팔은 앞뒤로 흔들고 무릎은 펴고 걷는다. 등은 곧게 펴고 배에 힘을 주며 걷는다. 발은 뒤꿈치부터 착지하고 발끝으로 지면을 차내는 것 같이 걷는다. 두발은 11자를 유지하며 팔꿈치는 옆으로 움직이지 않게 한다. 팔꿈치는 90도로 구부리고 주먹은 자연스럽게 쥔다. 보폭을 너무 넓게 할 경우 허리에 무리가 갈 수 있으니 어깨 넓이 또는 그보다 작은 보폭을 유지한다.

2. 맥켄지 운동

1) 엎드려 누운 자세 유지하기
2) 엎드려 누운 자세에서 약간 뒤로 허리 젖히기
3) 엎드려 누운 자세에서 팔 굽혀 허리 젖히기
4) 바로 선 자세에서 허리 젖히기
5) 바로 누운 자세에서 허리 구부리기
6) 앉은 자세에서 허리 구부리기

계절과 염증 사이
(feat. 헐크 엄마)

김동미

(김동미) 〰〰〰

시골에서 자라 하늘과 별, 구름과 숲을 좋아한다.
6살에 로봇태권V를 보면서 '전자공학박사'가 되기로 결심했다. 항공우주공학과에 입학했지만 IT붐의 시류를 타고 소프트웨어 개발자로 일했다.

지금은 두 아이를 키우며, 자연을 느끼고 소통할 수 있도록 안내하는 일을 한다. 매일 숲으로 출근하는 길이 설레고 행복한 숲 해설가다.

프리다이빙으로 바다거북이와 헤엄치고, 조종사 면허를 취득해서 바다를 내려다보며 하늘을 날아 볼 계획이다.
'자연은 즐기는 자의 몫'이라는 말처럼, 삶도 매 순간 감동하고 감사하는 이의 것이라 믿고 살아가고 있다.

계절과 염증 사이 (feat. 헐크 엄마)

여름 – 아토

　한낮엔 36도를 거뜬히 넘기고 저녁에도 30도 안팎이다. 에어컨이 없이는 한시도 버틸 수 없는 날씨다. 이러다 정말 지구가 멸망하는 것은 아닌지 걱정되지만, 에어컨 없이는 견디기 힘들다. 올해 고1이 된 큰 아이는 땀을 많이 흘린다. 아이는 집에 도착하자마자 에어컨을 파워냉방으로 설정하고, 잠잘 때도 24도로 맞춰야 한다. 에어컨 온도가 너무 낮아지면 나는 기침을 시작한다. 기침으로 잠도 설친다. 에어컨 온도 좀 올리자고 실랑이를 벌이다 화를 내기도 여러 번이다. 그날도 목을 수건으로 칭칭 감으며 에어컨 좀 적당히 틀자 목소리를 높였다. 그러자 큰애가 차갑게 말했다. "엄마는 아토피가 아니라서 모르잖아. 조금만 더우면 자면서 긁는다고. 그게 얼마나 힘든지 엄마가 알아? 엄마는 모르잖아." 순간 쿵하고 가슴에 돌덩이 떨어지는 소리가 들린다. 아이가 이런 말을 한 것은 처음이다. 가슴에 뭔가가 박힌 듯 답답하고 멍해져 할 말이 사라진다. 아이가 얼마나 힘든지는 모르고 내 생각만 했다는 죄책감에 몸이 굳어진다.

큰 아이는 어릴 때부터 땀띠가 심했다. 피부에 땀이 흐르면 퍼석하게 일어난 피부가 가렵고, 가려우면 긁고, 긁으면 피부가 빨갛게 부이오르다 상처가 생긴다. 상처에 땀이 흐르면 다시 따갑고 가렵고, 긁고, 악순환이다. 아이의 빨갛게 부은 피부를 볼 때마다 속으로 탄식을 한다. 아토피피부염의 기저를 모를 때는 아이가 먹는 불량식품 때문이라며 보일 때마다 애한테 화를 냈다. 아침에 일어나 하얀 각질과 빨갛게 변한 목덜미를 보면 한숨이 나오고, 크림은 바른 거냐고 대충 바르니 긁는 거라고 긁지 말라고 소리를 질렀다. 가려운데 긁지 말라고 하니 아이는 얼마나 답답했을까. 마지막에 간 피부과에서 알레르기는 유전된다며 둘 중 어느 쪽이 알레르기가 있냐고 물었다. 나다. 결막염과 비염. 다 알레르기가 붙는 병들. 아이에게 아토피 피부염 기저를 물려준 것은 나였다. 그런 몸을 물려준 것도 미안했고, 좀 더 부지런하고 꼼꼼하게 챙겨주지 못해 더 심해졌다는 죄책감을 느꼈다. 너무 미안해 쥐구멍에 들어가고 싶었다. 매번 여름이면 반복되는 일인데, 아이는 그런 말을 처음 했다. 돌아보면, 열이 많고, 비염으로 코가 막혀서, 몸이 건조해 가려워서 아이는 밤마다 긁적이고, 쿵쿵대고, 시원한 곳을 찾아 굴러 다녔던 것이다. 그러면서 제대로 잠은 잤을까? 이것을 10여년이 지나서야 알다니 한심했다. 시작도 끝도 다 내 잘못이라고 여름 내내 자책했다. 나는 도대체 무엇을 할 수 있고, 해야 할까? 내가 할 수 있는 게 남아있을까? 아이는 앞으로 어떻게 살게 될까?

봄 - 결막염

'미련 곰탱이' 미련하고, 느리고, 답답하고, 아픈 것도 모른다며 엄마가 붙여 준 별명이다. 눈치 없고, 센스 없고, 세심하지 못하다는 말도 포함이다. 이런 곰이 알고 싶지 않아도 아주 섬세하게 알아차리는 것들이 있다. 바람, 공기, 먼지양의 미세한 변화다. 계절이 바뀌고, 온도가 달라지고, 바람의 냄새가 바뀌면 내 몸은 바로 반응한다. 바야흐로 봄이다. 따뜻한 바람이 살랑살랑 불고, 천지사방에 꽃이 핀다. 나들이 가기 딱 좋은 날이고, 눈물 흘리기 딱 좋은 날씨다. 이즈음 눈은 빨갛게 충혈되고, 가려움에 진저리를 치며 안과를 간다. 시작이 언제인지 기억은 없지만 봄만 되면 눈병이 생긴다는 것은 12살 때쯤 인지한듯하다. 시골에서는 안약 좀 넣고 애들이랑 사방팔방 놀러 다니다 보면 슬금슬금 사라졌기에 그러려니 살았지만 도시로 이사 오면서 점점 심해졌다. 대학생 때 안과에서 '알레르기성 결막염' 진단을 받았다. 동생들 눈도 그렇다고 했다. 우리 형제의 결막염 얘기를 듣던 아빠가 말했다. 당신도 어릴 때 봄만 되면 눈이 아팠고, 어른이 되면서 어느 순간 사라졌다고. 그러니 너도 점점 나아질 거라고. 아… 이거 아빠한테 물려받았구나. 별걸 다 물려받는다 싶었다.

어릴 적 아빠는 늘 소리치고, 화내는 무서운 존재였다. 하루 근무하고 하루 쉬는 일을 하셨는데, 쉬는 날은 술 마시는 날이다. 아빠가 쉬는 날은 집에 가기 싫고, 멀리서부터 긴장이 됐다. 문이 열리고 아빠 얼굴을 살핀다. 진한 쌍꺼풀이 도드라져 보이게 반쯤 뜬 눈의 아빠를 발견하면 긴장 시작이다. 술을 좀 먹고, 그러나 잠들 정도는 아닌, 꼬장 부리기 딱 알맞은 상태의 취한 아빠는 대처하기 제일 어렵다. 눈에 안 보이게 도망이 상책인데, 동생들이 있어 나갈 수가 없다. 비상사태다. 아빠는 술기운에 기분이 좋아 처음 몇 마디는 좋게 나온다. 질문도 오간다. 그러다 갑자기 예측불가 큰소리가 나고, 목소리에 핏대가 서고, 때마침 어린 동생이 징징거리는 소리라도 내면 우리를 잡아먹을 듯 거대한 공포덩어리로 돌변한다. 역시 도망이 상책이다. 집에 전화가 생긴 13살 이후로는 들어가기 전에 전화로 분위기를 살핀다. 전화기 너머 혀 꼬부라진 소리가 들리면 집에 최대한 늦게 들어간다. 하지만, 그 선택은 번번이 안 좋은 결과를 맞는다. 그렇게 늦게 들어가는 날은 아빠가 엄마와 싸우고 때리고, 그걸 보는 동생들은 공포에 질려 벌벌 떨며 울고 난 후다. 물론 이런 폭풍이 아니어도 아빠와 저녁을 먹을 때는 늘 긴장을 한다. 맨정신일 때도 아빠는 밥상머리에서 늘 엄마에게 화를 내고 트집을 잡기에 분위기는 살벌해지고 편하게 밥을 먹을 수 없다. 자전거를 타고 집으로 가다 들여다 본 친구네 약국. 약사인 친구 아빠가 가족들에게 웃으며 뭔가를 이야기하고 있었다. '아… 우리 집은 이 시간이면 늘 싸우고, 술주정하고, 불안한 시간인데. 우리 집은 왜 이런 걸까?' 울면서 집에 간 기억이 있다. '아~ 지긋지긋한 이 집에서 멀리 날아갔으면.' 저녁이면 옥상에서 별을 찾아 소원을 빌었다. 피터팬이 오늘 밤 나를 좀 데려가 줬으면 했다. 여기를 떠나서 네버랜드에서 영원히 살게 해줬으면 바랐다. 늘 하늘 저 멀리 날아가고 싶었다.

하지만 두려움과 분노의 대상이었던 아빠를 가장 많이 닮은 것이 나다. 동그란 얼굴에서 풍기는 분위기, 커다란 덩치, 고모 말로는 걸음걸이까지 아빠랑 똑같다고 했다. 아빠를 두려워하는 만큼 분노하고 거부했다. 엄마는 내가 실수를 할 때마다 '지 애비 닮아서 싸가지가 없다. 정이 없다. 저 모양이다.'는 식으로 비난했다. '지 애비 닮아서'는 내게 최고의 비난이었고, 나를 부정하는 말이었다. 폭군인 아빠도, 그 아래에서 당하면서 사는 엄마도 싫었다. 그들과 다른 사람이고 싶었다.

하지만, 그를 쏙 빼닮은 내가 결막염 말고도 물려받은 것이 또 있다. 엄청난 분노다. 술을 빙자해 자신의 화를 푸는 아빠를 보며 모든 것을 억누르며 자란 나는 결국 아이 엄마가 되고서야 내 안에 있던 엄청난 분노와 마주하게 됐다.

환절기 - 비염

'처서' 아침이다. 에어컨을 끄고 창문을 열었다. '어! 바람 냄새가 살짝 다른데. 역시 절기는 대단하네. 처서라고 바람이 달라지다니' 하고 출근 준비를 한다. 30분쯤 지났을까 재채기가 나기 시작하고, 콧물이 줄줄 흐른다. 와우~ 미세한 온도 차이를 이리도 섬세하게 느끼는 내 몸이라니. 공기가 살짝 달라진 것을 이리도 귀신같이 아는 얘는 내 친구 '비염'이다. 정말 절친이다. 모르는 사람은 뭐 그까짓 콧물쯤이야 할 수 있다. 하지만, 시도 때도 없이 흐르고, 급기야 눈물까지 줄줄 흐르는 그런 날이면 비강 스프레이도 제대로 힘을 못 쓰고, 항알레르기약과 졸음을 몰고 오는 코약을 먹어야만 그나마 진정하는 예민한 친구다. 어릴 적 늘 감기를 달고 살았는데, 지나고 보니 그 중에 비염도 꽤 됐을 거라 생각된다. 20대 후반에야 '알레르기성 비염'이라는 것을 알았다. 컨디션에 따라서 심한 정도가 다를 뿐 환절기에 늘 찾아오는 친구요, 실내외 온도차, 먼지 정도에 따라 미세하게 반응하는 섬세한 아이가 내 친구 비염이다.

첫아이가 9살이 되던 해 수영을 시작했다. 아무 생각 없이 물에 뜨는 것에만 집중하며 혼자 있는 시간이 참 편안하고 행복했다. 8개월 지나서는 주 5일 수영을 하고, 조금이라도 시간만 되면 수영하러 달려갔다. 열심히 질문하고 연습했다. 자체 대회도 나갔다. 그런 모습을 보며 강사가 물었다.

"아니, 수영이 그렇게 좋으세요?"

"네. 첫째 임신 이후 온전히 혼자 있는 것이 처음이라 너무 좋아요. 한 9년 만인가 봐요."

강사가 말했다. "와~ 9년 동안 짜장면만 드셨군요."

동시에 올드보이를 떠올리며 크게 웃었다. '그렇구나. 나 그렇게 살았구나.' 싶었다. 병원에서는 수영이 비염을 심하게 할 수 있는 안 좋은 운동이라고 잘라 말했다. 물론 그런다고 그만둘 리가. 어차피 가만히 있어도 흐르는 콧물인데 귀한 즐거움을 포기할 수 없었다. 몸살기가 있어도 수영을 했다. 그럼 당연히 몸이 힘들다. 힘들어도 운동으로 그 경계를 버텨 넘는다. 그렇게 체력이 한 단계 더 상승하고, 수영이 조금 더 수월해졌다. 점점 더 재미있고 신났다. 내 의지대로 몸을 써서 뭔가를 해내는 기분이 이렇게 좋은지 처음 알았다.

여전히 비염은 때가 되면 찾아오지만, 살살 달래서 같이 놀다 가는 친구가 됐다. 운동으로 체력이 좋아지면서 화내는 횟수가 조금씩 줄어들었다. 화가 줄어드는 만큼 나를 긍정하는 정도가 늘고, 자신감이 커져갔다. 마음이 좋아지면 몸이 좋아지는 줄만 알았는데, 몸이 좋아지자 마음이 함께 성장했다. 왜 지금껏 해결 방법을 찾기보다 부실한 나를 비난하면 살았을까 싶었다.

가을 - 관절염

바람에서 살짝 서늘한 냄새가 난다. 가을이다. 이쯤 되면 무릎에서 소리가 난다. 오래된 경첩에서 나는 '끼~익'하고 삐거덕거리는 소리가 내 무릎에서도 난다. 차가워진 공기를 용케도 알아차리는 이 친구는 무릎 관절염이다. 이 병의 시작은 확실히 알고 있다. 산후 육아로 생긴 고질병이다. 책으로 육아를 배웠다. 의욕은 충만했지만 현실은 달랐고, 체력은 부쳤다. 공대생 여자는 엄마 역할도 책으로 배울 수 있다고 믿었다. 내가 엄마가 되면 정말 알아서 잘할 거라는 근거 없는 믿음을 가졌었다. 그 믿음은 출산 1주일 만에 산산이 무너졌다. 아기가 황달로 10일간 입원을 했다. '이거 뭐지? 모유 먹이면 좋다면서. 근데, 모유 먹여서 황달이 심해졌다고? 3.6kg이면 표준이라면서? 근데, 덩치가 커서 황달 가능성이 커진다고. 하하하….'

덩치 큰 아기는 쑥쑥 자랐다. 하루에도 몇 번을 앉았다 일어섰을까. 가끔 무릎이 한 박자 늦게 펴지는 느낌을 받았다.

그러다 둘째가 태어났다. 남다른 에너지의 첫째는 자기랑 뛰어 놀자고 하고, 둘째는 눕히기만 하면 울었다. 아기를 안고서는 아무것도 할 수 없어서 결국 업고 쭈그려 앉았다 일어서기를 반복하며 집안일을 했다. 집에 소파가 없기에 쉬려고 해도 바닥에 앉았다 일어서기 1세트다. 어느 날 쭈그렸다 일어서는데 뚝! 소리가 나면서 왼쪽 무릎이 펴지지 않았다. 그날 이후로 무릎을 주물러줘야 펴지는 날이 종종 있었다. 아이 둘과 함께하며 변하는 몸에 대해서는 책에서도, 전문가도, 내 엄마도 말해준 적이 없다. 아마도 알았다면 아무도 이런 일을 시작하지 않을까 봐 숨긴 것이 아닐까.

    3년은 엄마가 키워야지 결심했었다. 3년이 지나면 모든 것이 다 잘 될 거라 믿었다. 첫째가 세 살이 되기 전에 둘째가 태어났다. 그래, 다시 3년만 잘해보자 결심했다. 하지만, 둘째 출산 6개월 후 체력에 부쳐서 큰 애를 어린이집에 보냈다. 몸은 편안했지만 마음은 불편했다. 아이가 4개월을 다니던 어린이집을 거부했다. 담임선생님이 바뀌어서 무섭다는 이유였다. 남편은 걱정했지만 난 적극적으로 말리지 않았다. 규칙을 지키며 선생님 말대로 행동해야하는 기관 생활에 대한 불신이 있었다. 아이가 주눅 든 범생이였던 나처럼 될까 두려웠고, 집에서 자유롭게 놀면서 책 육아를 한다면 아이가 훨씬 잘 자랄 것이라 맹신하고 있었기 때문이다. 고민 하던 중에 방송에서 숲 유치원의 긍정적인 모습을 봤다. 우연히 주 1회 실시하는 숲 수업을 알게 됐고 시작멤버가 됐다. 아이는 숲에 가는 날만 기다렸고, 나도 그날 하루는 조금 숨 쉴 수 있는 여유가 생겼다. 하지만, 차가 없는 나에게는 외출 자체가 도전이고 고난이었다.

남다른 덩치의 돌쟁이 둘째를 앞에 메고, 커다란 가방을 등에 지고, 자잘한 물건은 사이드백에 넣고, 한 손으로는 유모차를 끌고 다른 한 손에는 첫째 손을 잡고 버스를 탔다. 숲 수업을 시작으로 바깥 활동은 주 5일로 늘어났다. 그러는 동안 무릎은 더 안 좋아지고, 체력은 바닥이 났다. 온 힘을 다 짜내서 하루를 보내다, 저녁에 에너지가 방전되면 작은 반항에도 버럭 화를 내며 애들을 잡았다. 갑자기 돌변해서 괴물처럼 악다구니를 썼다. 악을 쓸 때 머릿속에 어릴 때 봤던 헐크 이미지가 떠올랐다. 딱 내 모습이다. 헐크로 변신해 화를 뿜다가 지나고 나면 아이들에게 사과하기를 반복했다. 아이들에게 너무 미안해서 사진을 보여주며 엄마가 이성을 잃으면 이런 헐크로 종종 변한다고 미안하다고 너스레를 떨며 이야기도 했다. 헐크인 나를 인정하고, 어떻게든 조절해 보고 싶었지만 참는다고 막아질 화가 아니었다. 터지기 일보 직전의 마그마가 내 속에서 느껴졌다. 남들은 다들 아무렇게 않게 하는 육아와 집안일이 왜 이렇게 힘든 걸가? 내가 정말 미친 게 아닐까 수시로 의심했다.

집안 모든 창문은 열려있고, 바람이 솔솔 분다. 애들은 자기들끼리 놀고 있다. 옥상에 널었던 빨래도 빳빳하게 잘 말랐다. 빨래를 개다 열려진 베란다 창문을 봤다. '저기서 뛰어내리면 모든 것이 끝날까? 죽을까? 아니면 다치고 말까? 내가 떨어진 모습을 아이들이 본다면 충격 받을까? 그 후에 애들은 어떡하지?' 순간적으로 스친 생각에 깜짝 놀랐다. 내가 왜 이런 생각을 하는 거지? 나를 여기까지 몰고 온 게 뭐지? 도대체 무엇을 잘못해서 이렇게 된 거야? 남들은 다들 무난히 살고 있는데 나만 왜 이렇게 힘든 거지? 눈물이 뚝뚝 떨어졌다. '이건 말이 안 돼. 억울해. 억울해서 미칠 것 같아.' 정신을 차리고 둘째를 맡기고 육아 강연을 찾아갔다. 남들 보기에도 얼마나 죽을상이었는지 많은 사람들 중에 내게 상담 기회가 주어졌다. 그날 사람들 앞에서 내 얘기를 하며 울었다. 기억이 있은 후로, 그렇게 소리 내서 운 것이 처음이다.

그렇게 마음공부를 시작했다. '독이 되는 부모'로 시작해 데이비드 호킨스와 에그하르트 툴레의 의식과 내면 관련 독서 토론에 참여하고, 내면아이 집단 코칭 프로그램, 개별 심리상담 등. 내가 가능한 속도로 계속 나아갔다. 누가 뭐라 하든 상관없었다. 그렇게 타인의 시선에 얽매어있던 나를 알게 되고, 인정받고 싶고 사랑받고 싶어 안절부절못하는 내 안의 아이를 발견하고, 부모에 대한 분노를 마주하면서 나는 점점 자유로워졌다. 10년이 넘었지만 여전히 공부 중이다. 조급하지 않다. 아마도 죽을 때까지 그 길을 가겠지 싶다. 그 사이 아이들은 사춘기 청소년이 됐고, 나와는 완전 다른 인간으로 각자 자기 세상을 만들며 자라고 있다.

초록 숲의 헐크

어릴 적 본 헐크는 강한 자극이 주어지면 괴물로 변했다. 내 아버지는 술만 마시면 돌변해서 집안을 초토화시킨 후 쓰러지고, 술이 깨면 말짱한 사람의 모습으로 돌아오는 헐크였다. 징글징글하게 싫었는데 내가 그 모습을 반복했다. 아버지가 초기 헐크 그 자체라면, 나는 실수로 초록 괴물이 됐어도 이성적 대화가 되고 절반은 통제가 되는 진화한 헐크쯤 되겠다. 거기서 더 성장하면 어벤져스 엔드게임에 나오는 '프로페서 헐크'가 되겠지. 내 안의 헐크를 온전히 받아들여서 함께 살아가는 중도의 모습이 내 모습이기를 바란다. 내 아이는 헐크가 없어도 자기의 의견과 적당한 분노를 표현할 줄 아는 건강한 '배너박사'로 살기를 바란다.

나는 무엇을 전할 것인가? 할아버지는 당장 살아남기 위해 애썼고, 덕분에 아버지는 살아남았다. 아버지는 가난에서 벗어나기 위해 온 힘을 다해 달렸고, 덕분에 나는 지금 평범한 삶을 걸어가고 있다. 나는 그들에게 받은 분노를 넘고 정신적

헐벗음에서 벗어나려 애쓰고 있다. 지금의 나로 존재하기 위해 여기까지 살아 왔다. 고질병을 살살 달래서 친구처럼 살아가고, 내 안의 헐크를 만나 함께 손잡고 걸어 온 이유는 지금의 나로 살기 위해서다. 변화의 시작이던 그날 선택하고 행동한 나에게 감사하다. 새벽에 벌떡 일어나 수영을 등록하러 가던 그날. 창문으로 뛰어내리지 않고 용기 내서 다시 일어선 그날. 아버지로부터 도망가지 않고 온전히 그를 마주했던 그날. 지난 많은 날의 나에게 박수를 보낸다. 지금 여기까지 온 나에게 박수를 보낸다. 여기까지 살아있어 줘서 고마워.

'보이는 대로 믿을 것인가 믿는 대로 볼 것인가.' 육아 강연에서 들었던 말이 아직도 깊게 남아있다. 선택도 결과도 내 몫이다. 이건 아이도 마찬가지다. 나만의 방법으로 내 고질병과 헐크와 함께 살아가듯, 아이도 자기만의 방식으로 길을 찾아내리라 믿고 응원한다. 봄이 오면 빨개진 눈으로 바람에 날리는 꽃잎에 감탄한다. 여름이 되면 쨍한 매미 소리를 들으며 파란 하늘 아래를 헤엄친다. 가을이 오면 콧물을 훌쩍거리면서 단풍을 즐기고, 겨울에는 삐걱거리는 무릎을 붙잡고서 초록 숲을 향해 걸어간다. 내 안의 헐크는 숲에 들어가면 편안해 한다. 계절마다 바뀌는 숲의 모습에 설렌다. 이 설렘을 사람들에게도 전하고 싶어 숲 해설가로 일하고 있다. 살아남기 위해 아이와 갔던 숲이 이제 일터가 됐다. 출근길에 기분 좋은 사람은 없다지만, 난 숲으로 출근하면서 설레고 즐겁다. 언젠가 작은 숲을 조성해 사람들을 초대하고 싶다. 방문자들이 숲에서 편안하게 쉬고 평온함을 누리며 자기만의 숲을 만나길 바란다.

설렘이 소복소복 쌓이는 숲.
소소숲이다.

염증 (炎症, inflammation)

유해한 자극에 반응하는 몸의 보호반응으로, 선천 면역에 의해 매개되는 비특이적 반응이다. 급성염증과 만성염증으로 구분된다.

알레르기

알레르기 반응은 면역관용이 필요한 물질들에 대해 부적절한 면역반응이 일어나 혈관확장과 염증반응 등이 일어나는 현상이다. 부모 중 한 쪽에 알레르기가 있을 때 자녀가 알레르기 질환에 걸릴 가능성은 50%, 양 부모가 알레르기 질환이 있다면 가능성은 75%다. 아토피성 피부염, 기관지 천식 및 알레르기 비염을 3대 알레르기 질환이라 하며 어린 나이부터 순차적으로 발병하기 때문에 이러한 일련의 발병을 알레르기 행진이라 한다.

아토피

아토피(atopy)는 '이상한' 또는 '부적절한'이라는 뜻의 그리스어로부터 유래한 단어로 음식물이나 흡입 물질에 대한 알레르기 반응이 유전적으로 발생한 경우를 말한다. 아토피 질환에는 아토피피부염뿐 아니라 천식, 알레르기 비염, 알레르기 결막염 등이 포함된다. 아토피 피부염은 주로 유아기 혹은 소아기에 시작되는 만성 재발성의 염증성 피부질환으로 가려움증과 피부건조증, 특징적인 습진을 동반한다. 많은 경우에 성장하면서 자연히 호전되는 경향을 보이지만 알레르기 비염, 천식 같은 호흡기 아토피를 동반하는 경우도 많다. 원인은 아직 확실하게 알려져 있지 않다. 크게 유전적, 환경적, 면역학적 이상, 피부 장벽 기능 이상 등으로 구분한다. 낮 동안에는 간헐적으로 가렵다가 대개 초저녁이나 한밤중에 심해진다. 가려워서 긁게 되면 습진성 피부 병변이 발생하고 이러한 병변이 진행되면서 다시 더 심한 가려움이 유발되는 악순환이 반복된다. 더운 실내 환경, 밀봉이 강한 의복, 기타 땀을 유발하는 상태와 고열 등이 아토피 피부염을 악화시키는 요인이 된다. 아토피피부염 환자의 70~80%에서 아토피피부염, 알레르기 비염, 천식 등의 아토피 질환의 가족력을 확인할 수 있으며, 가족 중에 아토피 질환이 있는 경우 아토피피부염의 발생 가능성이 높다.

결막염

눈을 외부에서 감싸고 있는 조직인 결막에 생긴 염증성 질환이다. 봄철 알레르기성 결막염은 꽃가루에 의해 주로 발생한다. 봄철 꽃가루는 소나무, 참나무 등의 수꽃 가루로 눈에 보이지 않는다. 주로 보이는 허연 먼지 덩어리들은 유발 물질이 아니다.

비염

비염이란 비루(콧물), 재채기, 가려움증 및 코막힘 중 한 가지 이상의 증상을 동반하는 비점막의 염증성 질환이다. 비염은 사람마다 다양한 원인이 복합적으로 작용해 발생하는 경우가 많다.

알레르기 비염

알레르기 비염은 알레르기 천식과 함께 유전적 요인과 환경적 요인이 합쳐져서 생기는 대표적인 알레르기 질환으로, 부모로부터 물려받은 알레르기 체질과 주위의 천식 유발 요소들이 상호 작용을 일으켜 나타난다. 사람에 따라서 특정 계절에만 발생하기도 하고 일 년 내내 증상이 있는 경우도 있다. 계절성 알레르기 비염은 꽃가루, 온도 변화, 먼지양 변화에 민감한 경우가 많다. 알레르기 비염이 있는 환자는 알레르기가 없는 환자에 비해 정신적 스트레스가 1.35배, 정신과 진료 경험은 1.48배, 우울증 진단 위험도는 1.83배 높다는 연구 결과가 있다.

단 한 사람을 위한 아이언맨

이해윤

(이해윤) 〜〜〜〜

연구원으로 12년,
그 후 엄마로 12년째 살고 있는 이과 출신 아줌마.

내향과 외향,
계획과 충동의 경계에서 청개구리의 삶을 추구한다.
낮에는 충전 모드로,
밤에는 간병인 모드로 하루하루 살고 있다.

2061년, 아들과의 핼리혜성 근접 관찰을 꿈꾼다.

단 한 사람을 위한 아이언맨

백만돌이는 저속 충전 중

    수월하지 않은 임신과 출산. 그럼에도 기적이라 생각하였다. 잠을 자지 않고 까칠함을 선보이며 나를 힘들게 했지만, 백만돌이라는 태명에 걸맞게 무한한 위장과 방광을 자랑하며 쑥쑥 자라났다. 뒤집기와 옹알이는 제때 했지만 시간이 지날수록 점점 해야 할 것들을 하지 않았다. 12개월이 지날 즈음부터 발달 지연 징후가 보였다. 늦게 기고 늦게 걷고 매번 대근육 발달의 마지노선이 되어서야 첫 성공을 거두었다. 그래도 늦된 경우라 생각하고 기다렸다. 16개월이 되어 첫걸음을 한 날을 잊을 수 없다. 두 발짝 걸음으로 내게 안긴 날. 또 하나 해냈구나. 늦더라도 이렇게 가기만 하면 되는 거라 믿었다. 장난감을 줄지어 세우고 혼자만의 세계에 빠져서 입을 꾹 닫고 소통하지 않던 아이. 영유아 검진 때 추가 검사 권유도 여러 번 받았다. 불안함을 누르고 미루다 34개월에 대학병원과 발달클리닉을 찾았다. 발달검사 결과, 11개월 발달 수준이라고 했다. 지금까지 아이가 발화가 안 될 뿐 수용이 되고 있다는 생각은 나만의 착각이었다. 24개월에라도 와야 했다고 전문가는 말했다. 생각했던 것보다 더 심각했다. 미션을 받고 꾸준히 발달 재활치료를 이어갔다. 발화는 아직이었고 대근육 발달도 늦었지만, 인지능력이 향상되어 갔다. 계단 오르내리기도 힘들고 점프도 아직이었지만 꾸준히 운동하면 향상될 것으로 믿었다. 이해하는 단어 개수도 늘어가니 언젠가는 발화도 되겠지. 노출과 경험의 필요성을 느껴, 기차도 타고 버스도 타고 비행기도 타면서 줄기차게 돌아다녔다. 입에 단내가 날 정도로 하루 종일 아이에게 말을 걸고 이야기했다. 밑 빠진 독에 물을 붓는 것 같았지만 멈출 수는 없었다. 첫 의미 있는 발화는 '기차'였다. 당시 장난감 기차에 푹 빠져있던 아이였다. 언어 발달 단계상 후반부에서 할 수 있는 발음이라 했는데 이런 뒤죽박죽 전개는 뭔가. '엄마'라고 불려 보는 게 소원이었지만 뭔들 어떠리. 발음 정확도가 현저히 낮았지만 나는 알아들을 수 있었다. 그래. 이대로 천천히 가면 된다.

뒤센 근이영양증

　아이의 소변 색이 이상했다. 예전에도 한 번씩 갈색 소변이 나왔지만 대부분 일회성이었다. 여러 번 반복되니 혈뇨가 아닐까 걱정 되어 대학 병원을 찾았다. 간 수치가 조금 높을 뿐 별다른 소견은 없었다. 다만 주기적으로 간 수치를 체크하라고 했다. 주기적으로 혈액검사를 했다. 여전히 간 수치가 높아서 소아 신장을 볼 수 있는 타 대학병원으로 갔다. 24시간 소변 검사에도 혈뇨는 보이지 않았다. 그러나 소변 내 미오글로빈의 수치가 높았다. 혈중에 근육 손상 시 증가하는 크레아틴 카이네이즈(creatine kinase, CK) 수치도 너무 높으니 소아신경과에 가보라고 했다. 유전자 검사를 해보자고 했다. 근육병 의심. 그럴 리는 없다고 믿었다. 정신적 타격감도 크지 않았다. 인터넷을 찾아보았다. 갈색 소변 증상에 해당되는 증상은 일시적인 근육 손상 정보뿐이어서 더 마음 쓰지 않았다. 한 달을 기다리는 사이 재활의학과에서 근전도 검사도 하였다. 의사는 근육병 소견이 보인다고 하였으나 당시에는 들리지 않았다. 아닐 것이라는 믿음이 워낙 강했다. 결과를 들으러 간 당일, 결과를 듣기 전에도 들은 후에도 그저 무덤덤했고 현실감이 없었다. 근전도와 유전자 검사 결과까지 최종 근이영양증 진단을 받았다. 몸의 근육이 서서히 기능을 잃고 호흡과 심장 근육의 약화로 사망에 이르는 병. 의사가 말했다. "베커가 아니네요. 뒤센입니다." 조기 발병에 사망 시기도 빠른 뒤센. 단순 감기 진료를 받은 느낌으로 진료실을 나와 수납하고 집으로 돌아왔다. 아무것도 바뀐 건 없다. 다만 물속에 있는 것처럼 모든 감각이 멀어졌다. 현실 같지 않았다. 근육병 클리닉이 있는 병원에 검사 자료를 들고 찾아갔지만 결과는 바뀌지 않았다. 치료제는 없지만 스테로이드 투여로 최대한 근육 퇴행의 진행을 늦추고 새로운 치료법이 나올 때까지 버텨보자고 했다. 희미한 희망을 주었다. 주기적 통원과 투약. 그러나 투약 부작용. 아이의 혼란과 퇴행. 병원과 소통의 어려움. 보이지 않았던 벽, 현실은 나를 비참하게 만들었다. 여러 가지 이유로 계속된 진료는 어려웠고 더 이상의 통원은 무의미했다. 처음 진단 받은 병원으로 다시 돌아왔다. 하루도 쉬지 않고 재활병원과 복지관, 치료실을 오갔다. 집으로 돌아오면 한 시간이 넘도록 스트레칭을 해주었다. 그렇게 매일을 버텼다. 정신을 차리고 보니 3개월이 지나있었다.

가보자! 성산일출봉

진단 후에도 세상은 그대로였다. 치료만 좀 더 늘어났을 뿐. 여름에 진단을 받고 어느새 가을. 슬픔과 불안을 눌러가면서 진단 전과 그리 다를 바 없는 하루하루를 보냈다. 감정이 배제된 로봇과 같은 일상이었다. 그러다 우연히 텔레비전에서 한 부자를 보았다. 아버지는 자신의 몸집만한 아픈 아들을 업고 한라산 산행에 도전했다. 불현듯 잊고 있던 기억이 떠올랐다. 아이를 품고 있던 시절부터 함께 하려고 마음먹었던 버킷리스트. 그래. 저기다. 대학원 시절 학회 때문에 방문했던 제주. 억지로 끌려간 성산 일출봉이었지만 정상에서 바라본 바다는 모든 잡념을 씻어주었다. 그때의 감격이 되살아났다.

일주일 후에 우린 비행기에 올랐다. 절대로 무리하면 안 되기 때문에 업거나 안고 오를 생각이었지만 아이는 씩씩하게 오르막을 올라갔다. "안 돼. 힘들면 안 돼." 스스로 움직이고 싶어 하는 아이를 말리고 부축하며 계단을 올랐다. 후반부에는 계속 업고 올라갔다. 힘들지 않았다. 잦은 휴식 덕분인지 마음의 준비를 단단히 한 탓인지 전혀 무겁지 않았다. 중간중간 뒤도 돌아보고 경치도 보며 느리게 오른 것 같은데 1시간 만에 정상에 도착했다. "만돌아, 저기 바다야." "꺅! 꺅!" 돌고래 소리. 무슨 말인지는 모르겠으나 기분 좋아서 내는 소리다. 표정만 보아도 알 수 있다. 정상에서 멀리 보이는 바다와 섬과 작은 한라산, 모든 것이 멀고 작아 보인다. 내 불행도 그 속에 동떨어져 작아 보이고 하찮아 보였다. 정상에서 보는 풍경은 조금이나마 내 머릿속의 근심을 녹여주었고 아이의 표정은 내 가슴에 희망 에너지를 채워주었다. 이렇게 좋다고? 이런 너와 함께라면 어디든 갈 수 있다. 못할 것도 없다. "여기 좋아?" "하~." 끄덕끄덕하며 내 품에 쏙 안긴다. 너는 역시 내 에너자이저, 백만돌이. 만돌아! 다음엔 저기 한라산 어때?

그리 다짐했건만 기약했던 한라산행은 실현되지 못했다. 2년 사이 아이는 자랐고 내 관절에는 세월이 스며들었다. 동네 뒷산조차 오르기 버거워졌다. 현실에 좌절하며 며칠을 생각하다 마음을 고쳐먹었다. 안 가. 등산은 이제 안 하기로 과거의 나와 타협을 했다. 자동차로 갈 수 있는 가장 높은 곳까지 가면 되고 케이블카가 있는 산을 가면 된다. 갈 수 있는 곳으로 가면 된다. 벌써 좌절하여 주저앉을 필요는 없다. 우린 장기 레이스를 달려야하니까. 그저 너와 함께 어디든 가면 된다.

휠체어가 추가되었습니다

아이는 자란다. 장애 전담 어린이집을 졸업하고 고민을 거듭하다 통합을 목표로 타동네의 작은 초등학교에 입학시켰다. 코로나 시기도 무사히 버텨냈다. 말도 늘었고 인지 능력도 많이 좋아졌다. 입학 후 2년 동안은 학교에서 빈번히 전화가 왔지만 점점 횟수가 줄어들었다. 생활을 하다 넘어지고 멍

드는 일이 있어 불안했지만 학교 측에서 최대한 안전하게 돌봐주었다. 꾸준한 재활과 운동으로 점프까지 성공했다. 고작 1cm의 높이었지만 대견했다. 근력 강화와 현상유지의 아슬아슬한 줄다리기를 오가며 아이는 성장하고 있었다. 평화로운 시간. 경력 회복의 기회가 있어 10년 만에 일을 다시 시작하였다. 고민스러웠지만 초등학교 졸업 때까지는 버텨보자는 마음이었다. 10년 전보다 몇 배의 노력이 필요했지만 즐거웠다. 녹슨 뇌와 손에 기름칠을 해가며 공부하고 실험을 거듭했다. 성취감으로 충족된 매일이었다.

이렇게 방심하면 안 되었을까. 부상과 회복을 반복해 가며 재활치료를 이어가던 9살 무렵 또다시 발목 부상을 당했다. 이번 회복은 또 얼마의 시간이 걸릴까. 어떤 운동을 하면 도움이 될까. 머릿속이 복잡했다. 병원에서는 발목 구축이 있어 깁스가 의미 없다고 했다. 눈앞이 깜깜했다. 아이는 다칠까 봐 발을 디디는 것조차 두려워했다. 마침 학교에 예비로 준비해 둔 휠체어가 있어 학교생활은 가능했다. 일주일을 안고 업어서 등교하고 휴가를 내어 치료실을 다녔다. 내 체력이 한계에 다다를 즈음 주문한 휠체어가 도착했다. 휠체어에 의존하여 걷지 않을까 봐 미루고 미뤘지만 어쩔 수 없이 장만했다. 활용은 잠깐일 줄 알았다. 실내에서는 안고 부축하며 생활했고 실외에서 이동할 때 주로 사용했다. 그것만으로도 내 몸이 살 것 같았다. 편안함에 안주해서였을까. 내가 안이했던 걸까. 일주일이 한 달이 되고 두 달이 되어도 아이의 부상과 두려움은 회복되지 않았다. 집에 안전 바를 설치할 계획 같은 건 이미 생략해야 할 단계가 되었다. 석 달이 지날 무렵에는 독립보행도 혼자 기립하는 것도 더 이상 할 수 없게 되었다.

나쁜 일은 닥치기 전까지는 그 시기를 짐작할 수 없다. 순식간이었다. 아이의 악화 속도가 그랬다. 막을 수는 없어도 천천히 대비가 가능할 줄 알았다. 진단 후 병의 진행을 지연시키기 위해 5년을 열심히 재활치료를 다니고 집에서 매일 밤 스트레칭 운동을 시켰다. 잘하고 있다고 믿어왔는데. 그동안 나는 무엇을 했던가. 노력이 부족했던가. 그 시간들이 무의미하다고 느낀 순간 나의 멘탈은 급격히 무너졌다. 도대체 무엇이 부족했을까. 이유만 몇 개월을 생각했다. 다시 하게 된 일도 결국 1년 만에 그만두었다. 나의 진로를 생각한 것이 욕심이었다. 누군가는 가장 잘한 선택이라 했다. 씁쓸했지만 당시에는 최선이었다. 여러 번의 좌절 끝에 다시 예전으로 돌아가는 것이 불가능함을 인정해야 했다. 급격한 성장기의 시작. 성장이 빠른 만큼 악화도 빠른 시기. 치료사가 그리 위안을 주었다. 위로가 되지 않았다. 인지 발달이 늦었던 만큼 몸의 성장도 좀 느렸으면 했다. 부러움의 대상이었던 아이의 긴 다리는 우리에게 슬픈 현실이 되었다. 그게 끝이 아니었다. 발목의 구축도 점점 심해졌다. 무릎과 팔 등의 관절 구축. 현상 유지를 목표로 하는 끊임없는 운동 재활. 살아남기 위해서 재활의 굴레에서 벗어날 수 없다. 제발 천천히. 천천히 자라자.

그러던 사이 발달장애 재진단 시기가 다가왔다. 검사를 위해 대학병원에 가야 했다. 아침부터 서둘렀건만 집을 나서는 순간부터 차가 막힌다. 도로가 주차장이다. 전혀 움직이지 않는다. 또 시작이군. 도로공사 중이다. 검사 시간은 다 되어가는데 차는 전혀 가지 않는다. 여기저기 다 돌아서 목적지로 향해도 마찬가지다. 답답하고 화가 치밀어 올랐다. 하다하다 이제 길까지 이 모양이다. 내 뜻대로 되는 게 하나도 없다. 아이는 내비게이션대로 가지 않는다고, 시간이 늦었다며 이미 울고불고 난리다. 참다 참다 차에서 소리를 질렀다. 왜 제대로 되는 게 없냐고. 어떻게 순탄하게 흘러가는 일이 하나도 없냐고. 핸들이 부서져라 두들기면서 소리를 질렀다. 먼저 울던 아이가 놀라서 귀를 막았다. 북받치던 눈물이 멈출 새도 없이 흐르고 입은 이미 꺼이꺼이 통곡하고 있다. 어릴 적부터 아이 앞에서 우는 짓은 절대로 하지 않겠다고 부모님을 보면서 다짐했었다. 그랬는데 놀란 아이 앞에서 울고 있다. 아이처럼 울고 있다. 한번 터지니 제어가 안 된다. 아이도 다시 운다. 한참을 우는데 그때까지도 차는 가만히 있다. 어느 순간 아이가 조용하다. 얼굴로 천천히 아이 손이 올라온다. 눈물을 닦아준다. "엄마. 울지 마세요." 아이도 눈물범벅이 된 상태인데, 팔을 힘들게 들어 올려 내 눈물을 닦아준다. 정신이 번쩍 든다. 내가 무슨 짓을 한 거야. 쏟아지려는 눈물을 억지로 눌러본다. 어렵다. 나도 아이의 눈물을 닦아준다. "미안해. 엄마 안 울게." "땡강 안 부릴 테니까 이제 그만우세요." "응. 다 울었어." 누가 어른인지. 돌연 창피함이 몰려온다. 차는 여전히 제자리다. 가는 내내 그렇게 울면서 서로의 눈물을 닦아주었다. 결국 시간을 넘겨 병원에 도착했지만 치료사의 배려로 검사를 마칠 수 있었다. 칼국수도 먹고 주스도 마시면서 차에서의 기억을 환기하려고 애썼다. 그날 저녁 아이를 재우려 눕혔는데 아이가 묻는다. "엄마." "왜?" "아까 왜 화났어요?" "……." 웃으며 이야기해서 다행이다. 트라우마로 남을까 걱정했더니 그저 나를 놀리기로 마음먹은 듯하다. "근데 왜 울었어요?" "도로가 화나게 했어." "엄마. 화났는데 왜 울었어요? 왜요? 왜요?" "아 몰라!" 마지막 펀치를 날려준다. "엄마. 울 때 안 이뻐." 한동안 수백 번 질문 받았다. 묻지 마라. 창피하다. 이렇게 울고 웃다 보니 이 고비가 또 지나간다.

달려라! 백만돌이

태안 어울림 마라톤 대회. 아이가 좋아하는 바닷가 근처에서 마라톤이 열린다. 접근성도 좋다. 익숙한 곳이고 무엇보다 장애인, 비장애인 신청 가능에 휠체어 부도 따로 있다. 바로 참가신청서를 냈다. 대회는 한 달 뒤. 고작 5km 달리기지만 보행이 불안할 정도로 무릎이 망가진 나는 준비가 필요했다. 해체 직전의 몸뚱이가 놀라지 않게 차츰 속도를 올려 걷기 훈련을 했다. 절대 뛰지 않았다. 무릎 연골을 살살 달래가며 1시간에 4km 속도로 보행할 수 있을 즈음 대회 날이 되었다. 아이는 보온 무장. 나는 무릎보호대 무장. 하프와 10km 일반부가 먼저 출발하고 5km 휠체어 부가 출발선 앞에 섰다. 몸은 가볍고 마음은 들뜬 상태로 총성과 함께 휠체어를 밀고 출발했다. 뛰지 않을 거라고 다짐했건만 아이가 외쳤다.

"엄마, 달려!"
뭐라고? 안될 말이다.
빠르게 걷느라 힘든 와중에도 설득을 해본다.
"우리 그냥 빨리 걷기로 했잖아. 엄마 좀 봐줘."
"안 돼. 다 앞서가 버리잖아. 엄마, 달려달려달려!"

이른 아침 차가운 공기가 머리를 얼린 것이 분명하다. 에라, 모르겠다. 이놈의 무릎. 내일의 내가 어떻게든 감당하겠지. 찌릿한 통증을 느끼며 뛰기 시작했다. 시원하다. 뛰어야 느낄 수 있는 바람이다. 아이가 이 느낌을 원한 거였구나. 그렇지만 시원함은 잠깐이었다. 50미터도 뛰지 못하고 걷다가 다시 뛰기를 여러 번. 아이의 채찍질은 끝날 때끼지 멈추지 않았다. "엄마, 쌔게 달려요. 쌔게." 사람들이 추월할 때마다 귀에서 피나도록 잔소리를 들었다. 반환점 이후로는 거의 쉬지 않고 달려서 길고 긴 5km를 완주하였다. 완주 후 메달을 목에 걸고 기념품 호박고구마를 품에 안았다. 완주의 기쁨과 보람을 느낄 차례였다. 만돌아. 느낌 어때? 완수하니 뿌듯하지? 아이의 표정이 심상치 않다. 이 느낌이 아닌가? 아이는 호명되어 단상에 오르는 휠체어 부 수상자들을 글썽거리는 눈으로 바라보았다. 수상은 5등까지인데 기록을 보니 우리는 휠체어부 중에 11등이었다. 단상에 올라가서 상을 받겠다는 아이에게 올라가지 못하는 이유를 설명했지만 화를 내기 시작했다. "왜 저기 못 올라가? 올라갈 거야. 나도 상 받을 거야." 잔소리 2탄이 시작되었다. "엄마는 왜 빨리 안 달렸어? 빨리 달렸어야지." "엄마가 미안해." 나의 사과도 좋아하는 먹거리도 통하지 않았다. 그렇게 대역죄인모드로 30분을 시달렸다. 마라톤 또 해야겠으니 낭장 다음 대회 신청하라는 통보를 받고서야 실랑이는 끝이 났다. 머리에서 쥐가 난다. 마라톤보다 잔소리 후폭풍이 더 힘들다. 잔소리 안 듣기 위해서라도 기필코 단상에 올라가고야 만다.

엄마는 아이언맨

잠들기 전 갑자기 아이가 질문한다.
"지금처럼 열심히 운동하다 보면 스무 살에 걸을 수 있어?"
"……"

비슷한 말을 전에도 한 적이 있다. 말문이 막혔다. 사고회로 정지다. 누군가 그렇게 희망을 주었었나 보다. 거짓말을 할 수는 없다. 확실치 않은 말로 희망 고문을 하는 것이 더 나쁜 일이라 생각했다.

"그렇지 않을 수도 있어. 그렇지만 운동을 열심히 하면 더 나빠지지 않고 몸이 좀 더 부드러워져서 편할 수 있어. 오늘도 스트레칭 열심히 했지? 그럼 된 거야. 내일 학교 가야 하니까 얼른 자자."

이번에는 아이가 말이 없다. 잠깐을 생각하더니 말한다.

"운동해서 몸이 부드러워지면 약 먹었을 때 하루 만에 낫겠다."

"응?"

"약 먹고 하루 지나면 바로 걸을 수 있겠다."

머릿속이 복잡하다. 뭐라고 해야 하나.

"약은 아직 연구하는 사람들이 열심히 만들고 있어. 이제 자자."

"그럼 한 시간에 5도씩 원래대로 돌아올 거야."

무슨 소리지?

"그래 알겠어. 이제 자자."

"한 시간에 5도씩 돌아오면 하루에 24 곱하기 5는⋯."

구축된 발목 각도를 말하는구나. 내 말은 안 듣고 있다.

이 와중에 산수를 한다. 말려들지 말자. 말려들지 말자. 아… 모르겠다.

"그러면 엄청 아파. 피나."

"그럼 한 시간에 1도."

"1도도 너무 빨라."

"그럼 너무 오래 걸린단 말이야."

"원래 깁스도 몇 주는 해야 해. 하루에 1도로 하자."

"응."

혼자 심각했다가 나도 모르게 아이 이야기에 넘어가 버렸다.

잠시 생각하다 한마디 더 했다.

"엄마는 아이언맨도 좋아."

"왜?"

"어깨랑 무릎 오래돼서 아이언맨처럼 바꿀 거야."

"안 돼. 아이언맨 하지 마."

"너 번쩍번쩍 들고 옮겨줄 수도 있고 안고 퓽~ 날아서 여기저기 빨리 갈 수도 있어. 너도 같이 아이언맨 할래?"

"안 돼. 안 할 거야. 엄마도 그냥 병원 가서 주사 맞아."

"엄만 아이언맨 좋은데……."

이번엔 아이가 저 혼자 현실로 돌아왔다. 이건 왜 호응 안 해주냐고. 그럼에도 재밌다고 숨도 안 쉬고 웃는다. 이러니 내가 심각해질 수가 없다. "잘자. 퓽~" 아이언맨이 되어 방을 나온다. 웃으며 나왔지만 눈은 시큰거리고 가슴은 먹먹하다. 오늘도 잠들긴 글렀다. 잠 못 잔 아이언맨은 다음날 허리를 삐는 바람에 결국 병원을 갔고 아이 말대로 주사를 맞았다. 다년간 주사 맞기 도사가 되었다. 하루 스무 방쯤은 식은 죽 먹기. 이틀 정도 지나면 아이를 다시 번쩍 안을 수 있을 것이다.

꽃길만 구르자!

또 오늘을 살아낸다. 내일이 안 올 수도 있다는 생각. 그렇게 매일을 산다. 언젠가 아이가 없을지도 모를 세상을 떠올리며 두려움으로 하루하루를 보내던 시기도 있었다. 이제는 매일 아침 함께 하고 싶은 일을 꿈꾼다. 다음으로 미루지 않으려 한다. 나는 부지런한 인간이 아니다. 게으르고 피곤함이 싫은 인간이며 새로운 도전과도 거리가 멀다. 하지만 아이와 함께 시간을 보내면서 부지런한 척한다. 재미를 추구하는 충동적인 인간이 되어간다. 내년에도 마라톤에 도전할 것이며 틈나는 대로 가깝게 혹은 멀리 여행도 떠날 것이다. 코로나 때문에 여권만 만들어두고 떠나지 못했던 해외여행도 도전해 볼 것이다. 대단한 버킷리스트는 없다. 그저 아이의 욕구에 따라 즉흥적이고 충동적인 삶을 살 것이다. 그 여정에서의 짜릿함을 아이와 같이 느껴보려 한다. 모든 것을 다 해줄 수는 없을 것이고 피나는 노력은 당연할 것이다. 그렇지만 어려운 길을 좀 더 편안한 꽃길로 이끌어주는 것, 그게 내가 할 일이다.

아이언맨 엄마에게 다시 침체기가 올지도 모른다. 시련이 올 때마다 다시 동굴을 파고 들어갈 수도 있다. 그러나 겨울잠은 길지 않을 것이다. 아이언맨 엄마니까. 나와 비교도 되지 않을 정도로 훌륭하신, 아픈 아이를 돌보는 부모님들의 행적에, 그리고 여행 가고 싶다는 아이의 말에 기운을 얻어 다시 날아오를 것이다. 제주 성산일출봉 여행 당시 광치기 해변에서의 산책을 아이는 아직도 기억한다. 아름다워서가 아니라 화장실 해프닝이 재미있어서다. 똥 싼 게 즐겁다니. 아이의 세계는 어렵다. 일정 중에 방문했던 우주박물관도, 유리 미로 공원에서 똥을 싼 것도, 렌터카 색깔과 디자인도 기억하면서 왜 성산일출봉은 기억이 없는지 의문이다. 사소한 추억마저도 곱씹을 때마다 한결같이 너는 즐겁다. 그런 너에게 언제든지 추억을 쌓아줄 준비가 되어있다. 나중에도 너는 그때의 에피소드를 이야기해 날라 100번도 넘게 조를 것이다. 지금처럼 지난 추억을 이야기하며 함께 웃을 것이다. "엄마. 그때 그거 또 얘기해주세요. 너무 재밌어요." "또?"

내일은 또 무슨 일이 생길까? 우당탕 요란한 하루가 될지도 모른다. 내일의, 내년의, 몇 년 후의 상황은 그때의 나에게 맡기기로 한다. 우주를 좋아하고 핼리혜성에 올라타서 우주여행하기를 꿈꾸는 아이. 매일 새로운 오늘을 살면서 신나게 놀고 신나게 추억하고 신나는 우주먼지들이 되자. 여기 지구에서 나는 너의 엄마이자 친구, 너의 어설픈 아이언맨이 되어

줄게. 나의 에너자이저. 아이언맨의 아크 원자로 같은 존재.

너로 인해 나는 더 성장한다.
내가 살아가는 법을 배운다.

뒤센형 근이영양증 (Duchenne muscular dystrophy)

근이영양증은 골격근이 점차적으로 퇴화되면서 근육이 약해지고 변형되는 유전성 질환으로, 크게 뒤센형과 베커형으로 나뉜다. 뒤센형이 진행성 근이영양증 중 가장 발생 빈도가 높다. 뒤센형의 유병률은 인구 10만명당 약 4명이고 발병률은 출생 남아 3,500명당 한 명꼴이다. 유전양식은 반성 열성 유전이며, 1/3 정도는 돌연변이이다. 주로 남아에서 발생하나, 드물게 여아에게도 발생한다.

원인

X 염색체의 p21에 존재하는 디스트로핀의 결함으로 인한 디스트로핀 단백질 결핍이 원인이다. 발생 원인 중 65%는 디스트로핀 유전자 내 결실, 5~10% 정도는 유전자의 중복, 나머지는 점돌연변이, 미세결실 등이다. 디스트로핀 단백질이 결핍되면 주로 골격근에 진행성 변성이 발생하며, 이로 인해 근육 자체가 결합 조직이나 지방으로 대치되는 근육의 가성비대가 출현하고 근력이 저하된다.

증상

증상 발생 시기는 개인 차이가 있으나 아이가 보행을 시작한 후 발견되는 경우가 많다. 대다수의 환자에서 보행 개시가 늦어져 생후 1년 반 이후에야 보행을 시작한다. 대부분 서서히 증상이 나타나고 대개 2~4세 경 인지하게 된다. 몸통과 가까운 근위부 근력 약화가 3~5세 경에 뚜렷해진다. 차츰 계단을 오르내리는 것이 어려워지고 가우어(Gowers) 증후를 보이게 되며, 관절 구축, 척추측만증 등의 골격 변형이 올 수 있다. 질병 발현 범위가 여러 근육들을 동시에 침범할 수 있어 심근 이상을 보이기도 하며, 지적 장애가 동반되는 경우가 많다. 초기에 가성비대가 관찰될 수 있다. 대게 10~12세 경에는 기립과 보행이 불가능해져 휠체어와 침상에서 생을 영위한다. 20세 무렵 심부전과 호흡 부전 등으로 사망하는 것으로 알려져 있으나, 최근 보존 처치 발달로 호흡기 감염에 의한 사망은 감소하고 있고 환자의 평균 수명도 점차 증가하고 있다.

진단

혈중에 존재하는 근육 효소 중 CK(creatine kinase) 농도, 근전도, 근생검, 면역 조직 화학적 검사, DNA 진단(디스트로핀 유전자의 결실, 유전자 일부의 중복 혹은 점돌연변이 검출) 등 두 가지 이상의 방법을 이용하여 진단한다.

치료

약물: 난치성 유전 질환이므로 치료는 완전한 치료가 아닌 증상 완화를 목표로 한다. 뒤센형과 베커형 근이영양증에서는 보행 장애와 심근병증을 늦추고 생존율을 높일 수 있는 부신피질호르몬제(스테로이드성 항염증제)가 주된 치료제이다. 이 외에는 아직 효과가 입증된 약물이 제한적이나 근육세포 이식, 유전자 치료 등 여러 치료법이 연구되고 있다.

재활: 증상과 합병증을 완화하기 위한 재활치료를 시행한다. 특히, 선택할 수 있는 약물이 없는 유형의 근이영양증 환자에서는 이러한 재활치료 지지요법이 주된 치료가 된다. 근력 유지를 위한 운동과 물리치료 뿐 아니라 심폐기

능을 유지하고 통증을 조절하며 영양 상태와 성장을 종합적으로 고려한 재활이 필요하다.

협회 및 커뮤니티

한국근육장애인협회 : www.kmda.or.kr

한국듀센근이영양증환우회 (DMD Union) : cafe.naver.com/dmdcure

재활보조기 렌탈 및 지원사업 정보

중앙보조기기센터 : knat.go.kr

또 다른 나와
헤엄치다

희우

(희 우) 〰️

새로운 것을 좋아한다. 금방 싫증을 낸다.
하지만, 한 가지 일을 좀 오래 하는 사람이다.
30년간 학생들에게 수학을 가르쳤다.
경기도 고양에서 독립 서점 <단향>을 운영하고 있다.
사람을 좋아하고 덕질을 즐겨하며 디저트 만들기를 사랑한다.
많은 사람들이 편히 찾을 수 있는 책방을 만들고 싶다.
이제 나의 이야기를 시작하려 한다.

@daan_hyang_bookshop
@daan_hyang_k_dessert

또 다른 나와 헤엄치다

안녕? 우리 오늘부터 1일이네

2010년 5월 14일 서울 은평구의 한 병원. "희우 님, 갑상샘 기능항진증이세요. 자가 면역성 질환인지는 검사를 몇 가지 더 해보셔야 할 것 같습니다. 중간 중간 건강검진을 받지 않으셨나 봐요? 이 질병은 거북이 질병이라 건강검진을 정기적으로 받으셨으면 발견이 되었을 텐데요. 약도 잘 드셔야 하지만 스트레스 관리가 잘 돼야 하는 병이니 항상 편안한 마음을 가지셔야 돼요. 일명 '화병'이거든요." 하이 톤에 청명한 목소리. 의사 선생님 말씀이 귓가에 뱅뱅 돈다. 고개만 주억거리면서 기계적으로 대답을 하고 앉아있던 중 '화병'이란 단어에 딱 꽂혔다. '사랑과 전쟁'에서나 보던 화병이란 단어가 나에게 왔다. 그 와중에 떠오른 첫 번째 생각이 '난 시댁도 없는데…'였다. 당일 몇 가지 검사를 더 했고 이틀 뒤 자가 면역성 질환이라는 진단까지 받았다. 진료 마지막에 쐐기 박듯 의사 선생님은 한마디 또 하신다. "지난 진료에도 말씀드렸지만, 스트레스 관리가 일단 먼저 되어야 해요. 현재 상황으로 처방할 수 있는 최고 용량으로 처방해 드렸으니, 약도 잊지 말고 꼭 드셔야 하구요. 그렇지 않으면 언제 쇼크로 쓰러져도 상관없을 상황이세요."

스무 살부터 있던 증상들이었다. 불면증, 감정 기복, 우울감, 무기력감. 탈모 증상과 손 떨림, 살 빠짐을 제외하고는 늘 있던 증상들이었기에 그러려니 하며 살았다. 원래 그랬으니까…. 가만히 생각해 보니 '원래 그랬으니까'라는 생각으로 지나친 것들이 너무 많다. 2002년 엄마와의 갑작스러운 이별 이후 더욱 그랬다. 어릴 때부터 같이 산 날들보다 떨어져 지낸 날이 더 많았기에 엄마의 부재도 원래 그랬으니까…. 아버지란 존재도 원래 없었으니까…. 몸에서 보내는 이상 신호들도 나는 원래 이랬으니까…. 마음에서 올라오는 아픔, 슬픔, 괴로움 등등의 모든 감정도 원래부터 그랬는데 뭐… 하며 살펴보지 않았다. 그 모든 '원래 그랬으니까'가 차곡차곡 쌓이고 쌓여 마침내 펑 하고 터져버린 느낌이었다.

   일단 일은 터졌으니 해결은 해야 하는 것이었고, 착한(?) 나는 의사 선생님의 지시에 따라 약을 먹기 시작했다. 아이를 호르몬 조절만 하면 되는 거라 여겼기에 쉽게 생각했다. 하지만, 최고 용량의 약을 먹어도 올라간 호르몬 수치들은 내려올 기미가 보이지 않았다. 한 달이 지나고, 두 달, 석 달이 지나도 꿈쩍도 하지 않는다. 호르몬의 사이클상 한두 달은 그럴 수 있다 치더라도 석 달째에도 변동이 없다. 요지부동 수치에 복용 약을 변경해 보았지만 결과는 같았다. 의사 선생님도 갸우뚱하신다. 불만이 올라오면 고집불통이 되는 성격이 온몸으로 발현되고 있었다. 마음이 바꾸지 않으면 몸이 따라가지 않는 고약한 내 성향이 한껏 활약하고 있는 것이다. 화학적 약물을 투약해도 몸의 기관들이 거부하는 사태인 것이다. 이런 치료가 먼저가 아니라고 온 몸이 말해주고 있는 중이다. 원래가… 라는 말로 얼버무리지 말고 똑바로 마음을 들여다보라고 외치는 중이다. 언제까지 외면할 수 없다는 사실을 인지하라는 신호다. 8년이라는 시간 동안 무서워 들여다보지 못한 마음을 이제는 보듬어주라고 내 몸이 알려주고 있는 거였다. 내려가지 않는 호르몬 수치와 대치하며 6개월을 보낸 후에야 항복 선언을 했다. 비로소 내 병과 내 마음에 인사했다. "안녕? 우리 오늘부터 1일이네."

너의 시작은 어디서부터일까?

어디서부터 시작일까? 촉매는 2002년 12월 엄마와의 이별이었을 테다. 그 당시까지 알지 못했던 것, 알지 말아야 할 것들을 알아버린 그 시점이었을 것이다. 차라리, 그때 모든 것을 헤집고 따지고 알아내려 했다면 괜찮았을까? 하지만 마음이 힘든 일은 일단 회피부터 하고 보는 나는 다시 시간을 되돌려도 똑같은 선택을 할 것이다. 기원을 찾으려면 시간을 좀 더 거슬러 올라가야 할까. 엄마와 할머니 마음에 생채기를 남기며 온 집안을 뒤집던 사춘기 때일까. 엄마와 할아버지의 싸움 사이에 끼어 엄마를 때리지 말라고 소리 지르던 여섯 살 때일까. 아니면 내가 하나의 세포이던 시절부터일까. 그것도 아니면 더 오래전 두 남녀의 만남부터일까. 도대체 너의 시작은 어디서부터일까? 나의 시작은 어디서부터일까?

    사람은 마음먹기 나름이라는 말에 늘 코웃음을 치곤했다. 마음먹기에 달렸다면 자신의 불만족스러운 삶을 바꾸지 못할 이가 누가 있겠는가. 그냥 사람들이 듣기 좋으라고 하는 속 편한 말이라 치부했다. 나조차 모를 내 마음을 어떻게 타인이 안단 말인가. 하지만, 아이러니하게도 나는 당시 가르치던 아이들에게 공부하는 사람의 마음 자세에 대해 이야기하던 사람이었다. 마음먹기에 따라 학습의 효과가 달라진다고 수업 시간마다 강조하고 있었다. 생각과 행동이 일치하지 않으니 수업 시간마다 곤혹스러웠다. 내 마음과는 다른 이야기들을 사실인 양 아이들에게 연기를 하고 있었다. 학생들 앞에서 뿐 아니라 친구들 앞에서도 동료들 앞에서도 연기를 하며 살고 있었다. 오랫동안 내가 아닌 나로 살아가고 있었다. 알고 싶어 하는 마음을 누르며 저 바닥에 꽁꽁 숨겨놓기에 바빴다. 그러니 몸에서 반란을 일으킨 것은 당연한 일일지도 모른다.

그러니 내 몸이 스스로를 아프게 해서라도 내 마음이 정신을 차리도록 하고 싶었을 것이다. 비로소 나와 마주하기 시작했다.

바로 그 시점부터 꿈쩍도 하지 않던 내 호르몬 수치들이 움직이기 시작했다. 의사 선생님은 관리를 잘 하고 있다며, 어떤 것들을 하고 있냐고 물었지만, 대답은 할 수 없었다. 내가 하고 있던 일은 생각하는 일밖에 없었으니까. 최고 용량이었던 약도 줄어들었고 평생 따라다니던 불면증도 사라져 잠도 잘 수 있게 되었다. 겨울이 춥다는 것도 알게 되었고 무엇보다 내가 그동안 몸뿐만 아니라 마음이 많이 아팠다는 것을 알게 되었다. 첫 진단 후 바뀐 것이라고는 생각을 하게 된 것밖에 없다. 바라보지 않고 있던 내 마음을 살펴본 것이고, 알아보고 싶었던 사실들을 궁금해하기 시작했다. 어떤 행동을 한 것은 아니다. 생각이 나면 나는 대로 시간을 들여 생각했고, 궁금하면 궁금하다는 것을 인정했다. 나의 기원을 알고 싶어하는 것은 당연하고 자연스러운 것이라고 나에게 이야기했다. 직접 만나보거나, 묻거나, 대답을 듣는 행동들을 하기에는 무서웠기에 열심히 생각을 하기 시작했던 것이다. 시간이 더 많이 흐른 후에는 언젠가 직접 들을 준비가 될 거라며 나를 토닥였다. 생각조차 죄로 느끼던 나를 괜찮다 괜찮다며 다독였다. 이 병이 언제부터였을지 궁금해할 필요가 없었다. 이미 알고 있었으니까. 발병의 책임을 누군가에게 지울 필요도 없었다. 내가 시작한 것이기에. 내가 내 마음을 외면한 순간부터 시작되었다는 사실을 인정하면 그만이었다. 이미 알면서도 계속 피하고 있었던 것뿐이다. '너의 시작은 나로부터였다.'

우리는 언제까지 함께일까?

마음이 안정되자 증세는 빠르게 호전되었다. 메티마졸 처방이 최고 용량인 6알에서 4.5알로 내려왔고, 그 후 빠르게 3알, 2알, 1.5알로 내려왔다. 사이사이 정체기도 있었지만 꾸준히 안정세로 접어들고 있었다. 2020년 8월 7일 약을 끊어보기로 했다. 지속적인 추적검사는 필요한 상황이지만 약을 중단하고도 안정세인지 확인해 보기로 했다. 처방약을 중단하며 심장 두근거림 때문에 함께 먹던 인데놀도 먹지 않기로 했다. 10년 사이 합병증으로 온 고혈압 약은 중단할 수 없었지만 나머지는 전면 중단했다. 먹어야 할 약이 한 알뿐인 게 신기했다. 첫 발병 당시 갑상샘의 크기만 비대해져 있을 뿐 안쪽에 종양이나 결절은 보이지 않아 수술을 고려할 상황은 아니었다. 호르몬 수치만 안정이 되면 완치까진 아니어도 잠시 중단 해 볼 수 있는 상태였다. 다만 그 시기가 언제가 될지는 아무도 알 수 없었다. 10년이 될 수도, 20년이 될 수도, 평생이 될 수도 있다는 진단을 받았었기에 10년 만의 약 중단은 큰 사건이었다. 3개월에 한 번씩 추적검사를 하고 약 없이 지내는 시간이 길어졌다. 조마조마하긴 했지만 내 몸은 2년의 시간동안 안정적인 수치를 보여주었다. 완치에 가까워지자 욕심이 생겼다. 돌아보지 않고 있던 마음을 돌보아 주며 토닥거리며 마음의 내공이 생겼다고 생각한 것이다. 2019년 시작된 코로나가 장기전에 돌입한 것도 한 가지 요인이었다. 바이러스로 온 세상이 닫히고 서로의 왕래가 끊기는 상황. 처음부터 왕래가 없던 사람과도 내가 모르는 사이 아예 끊겨버릴 수도 있겠구나. 란 생각이 들어차기 시작했다. 이제는 생각 대신 행동으로 옮길 때라고 여겼다. 몸은 회복 중이었지만, 일련의 문제들로 힘든 시기였다. 잠시 누군가에게 기대어 볼 수 있지 않을까? 부모에게는 그래도 되지 않을까? 양육의 책임을 다하지 않았으니 이제라도 잠시 쉼터가 되어 주는 게 도리가 아닐까? 그렇게 생각했었다.

정확한 날짜는 생각나지 않는다. 아마 동행했던 친구에게 물으면 대답해 주겠지만 기억해 내지 못하는 데에는 다 이유가 있겠지 싶어 굳이 묻지 않는다. 다만 그날 나눈 대화의 조각들만 드문드문 떠오를 뿐이다. 내게는 생전 처음인 만남이었다. 구포의 어느 국밥집이었다. 가게 문을 열고 실내를 보는 순간 알았다. '아. 저 사람이구나.' 누가 알려준 것도 아니고 대화를 나눈 것도 아닌데 알아볼 수 있었다. 엄마가 늘 말한 대로 참 많이도 닮았다. 치과 치료를 하는 동안 식사가 부실했다며 치료가 끝나는 날엔 제대로 식사를 해야겠다며 고집을 피워 국밥집으로 만남의 장소가 정해졌었다. 그래도 첫 만남인데 북적북적한 식당은 피하는 게 낫지 않겠냐는 주변 사람의 권유에도 아랑곳하지 않았다. 자신이 생각한 대로 움직일 뿐이었다. 그가 나를 보는 것 같았다. '참 많이 닮았어.' 엄마의 목소리만 자꾸 귀에서 맴돌았다. 첫마디를 어떻게 해야 할까. 어떤 말을 처음으로 듣게 될까. 오만가지 생각이 뒤엉키기 시작했다. 드디어 마주 앉았다. 뚝배기에 밥을 말면서 나를 바라보는 눈빛을 보았다. 식사라도 권하려나, 생각했다. 그렇다면 먹어야 하나 말아야 하나 라는 생각도 잠시 했다. 지금 생각해 보면 참 웃긴 생각들이었다. 왜냐하면 그에게 생애처음 들은 말이 '나한테 뭘 바라고 온 거냐.' 이었으니까. 바라고 온 것이 맞다. 힘들었으니까. 당신 때문이든 아니든 간에 살아온 삶 자체가 힘들었으니까. 그래도 나름 잘 살았으니까. 칭찬을 바란 것은 아니지만 '애썼다.' 정도는 듣고 싶었던 모양이다. 첫 마디에 모든 것이 무너졌다. 그 후로 뭐라고 지껄이고 나왔는지 모르겠다. '다시는 찾지 않겠습니다.' 란 말을 끝으로 식당을 빠져나왔다. 한참을 울었던 것으로 기억된다. 삶이 거지 같았다. 이런 꼴을 보려고 계속 살아왔나 싶었다. 혼자 아파하면서도 그래도 한번은 위로를 받을 수 있을 거라 나를 다독인 적도 있었다. 드라마와 영화를 너무 많이 본 탓이다. 세상은, 아니 내 삶은 드라마나 영화가 아니었다. 드라마 작가들이 날것의 현실을 더 반영해야 할 것 같다는 우스운 생각도 했다. 아니다. 실제 날것의 현실은 사람들의 공감을 사지 못하므로 쓰지 않는다는 말을 어디선가 들었던 것 같다.

    내 행동의 결과는 질병의 재발로 돌아왔다. 2022년 9월 3일부터 메티마졸을 다시 복용하기 시작했다. 시기를 도통 모르겠어서 병원에서 의무기록 사본 증명서를 떼어 보고서야 알았다. 나는 알고 싶다는 마음 A와 그냥 묻어두라는 마음 B 사이에서 10년을 줄다리기 하고 있었다. 10년 만에 A를 선택하였으나 결과는 처참했다. 안정세를 보이던 수치들이 들썩이기 시작했고, 혈압약을 먹고 있음에도 혈압이 날뛰기 시작했다. 몸의 다른 부분들도 이상 현상을 보이기 시작했지만, 난 또다시 외면했다. 우선 알고 있는 질병부터 다시 다독여보자라며 뒤로 미뤄두었다. 롤러코스터처럼 움직이는 내 마음이 너무 날뛰지 않게 할 다른 것이 필요했다. 이번엔 잘 들여다봐 주는 것으로는 해결이 나지 않을 것 같았다. 정신을 쏟을 다른 무엇인가가 필요했다. 지금까지 내가 해온 것과는 완전히 다른 새로운 것이어야 했다. 결국 찾아낸 답이 책방 & 디저트

공방이었다. 매장을 찾고 꾸미고 꾸려가면서 다시 안정세를 되찾았다. 2023년 7월 5일 복약을 중단했고, 현재까지 복용하지 않고 있다. 재발 후 또 어느 만큼의 시간이 지나야 병과의 이별이 다가올까 했는데 의외로 새로운 일만 던져주고는 빠르게 떠나갔다. 지나서 생각해 보니 이 질병이 나에게 많은 것들을 가져오고 변화시킨 것 같다. 발병으로 인해 마음을 돌아보게 되었다, 가장 깊은 곳의 슬픔과 아픔은 꺼내지 않고 묻어 두는 것이 제일이라고 생각했던 나를 깨고, 문제를 직시하게 만들었다. 혼자서 아프고 아팠지만, 차근차근 오래 생각하고 스스로 무뎌지려 노력했다. 깊은 동굴에 문제를 감춰두지 않고 마음 깊숙한 곳에서 마음 밖으로 꺼내어 놓을 수 있는 희망이 생겼고, 용기도 쌓여갔다. 결국, 햄릿형 인간의 고뇌에서 벗어나 생각을 행동으로 옮겨도 보았다. 절대로 하지 못할 것 같은 상황에 뛰어들었고 아팠다. 당황하고 무섭고 다시 도망치고 싶었다. 하지만, 투병 기간 내내 나를 보듬어 주는 내공이 쌓였는지 쉽게 무너지지 않았고, 오히려 그로 인해 새로운 길을 찾아낼 수 있었다. 병 주고 약 주고에 딱 맞는 내 투병 기간이었다. 이제 정말 우리가 함께인 시간이 끝이 난 것인지는 아직은 모른다. 또 언제 다시 찾아와 어느 한구석 무너지고 있는 것을 추슬러야 한다고 이야기 할지 나는 모른다. 아마도 내 고질병에게 묻는다면 이렇게 답하겠지. '우리 언제까지 함께 할까?' '아마…… 평생?'

새로운 너. 이번에도 잘 부탁해

    2024년 6월 14일. 35년 덕질 대상의 생일날, 나름 즐거운 날이었다. 수업을 마치고 책방을 정리하고 늦지 않게 귀가를 했다. 오랜만에 저녁을 집에서 먹고 느긋하게 TV를 보며 뒹굴뒹굴 놀고 있었다. 바닥이 좀 차게 느껴졌고 그 때문에 배가 좀 뭉치는 것 같았다. 배를 따뜻하게 해주면 되겠지 싶어 침대위로 올라갔다. 하지만, 통증은 가라앉지 않았다. 찢어질 것 같은 아픔이 갈수록 심해져 갔고 급기야는 119를 부르게 되었다. 일어설 수도 없을 만큼 고통이 심해 들것에 실려서 응급차에 실려졌다. 병원으로 이송되는 사이 그 고통 속에서도 한 가지 생각이 떠올랐다. 아. 새로운 네가 오는 거로구나. 10년 넘게 나와 함께하던 갑상샘 항진증은 끝이 났지만, 새롭게 함께 하게 될 나의 고질병이 다가왔음을 직감했다. 집 근처 병원 응급실에 도착한 후 복구 CT 촬영이 시작되었다. 어떤 상황인지 모르기에 진통제는 사용하지 못했다. 허리를 펴고 똑바로 누울 수 없었고, 몸을 일으켜 앉을 수도 빠르게 누울 수도 없는 상황에서 받아야 하는 CT 촬영은 고역이었다. 몸을 가만히 펴고 있는 것만으로도 너무 아파서 촬영 내내 시간이 빨리 흐르기만을 바랄 뿐이었다. 검사 결과 자궁 안에 근종이 크게 자리하고 있고 근종 주변의 염증이 너무 심해 터질 수도 있는 상황이라고 했다. 응급실에서 해줄 수 있는 것은 염증을 가라앉게 할 항생제 투여와 통증을 줄이는 진통제를 처방하는 것밖에 없으니, 날이 밝는 대로 상위 병원으로 전원해 주겠다고 했다. 짐작하고 있었다. 항진증을 겪는 동안에도 나타나던 현상들이었다. 다만, 그 수위가 이렇게까지 높지 않아 또 잠시 미뤄두고 있었다. 결국 나는 7월 3일 자궁내막증과 난소종양 진단을 받았다. 결국은 호르몬 문제였다. '우리 언제까지 함께일까' 란 물음에 아마 평생이라고 답했던 고질병이 다른 양상으로 나에게 찾아온 것이다. 항진증과는 달리 암 수치까지 같이 더불어 와서 예전과는 다르게 조금 무섭기는 했다. 곧바로 응급수술을 해야 할지도 몰랐다. 오만가지 생각이 다 들었다. 내가 너무 달렸나? 부터 얼마나 달렸다고? 까지. 이제는 떠날 때도 되지 않았니? 따져 묻기도 했으며, 내가 또 자만했다며 인정하고 후회하기까지. 감정의 기복이 춤추듯 들썩였다. 의사 선생님은 바로 수술이 어렵다면 한 달 동안 호르몬제를 복용해 보자고 했다. 호르몬제 투약 시 부작용에 관해서 설명하기 시작했다. 어디서 많이 듣던 소리였다. 너무나 잘 알고 있는 증상들이었다. 항진증의 증상들을 부작용으로 다시 겪어야 하다니. 이렇게까지 나를 떠나기 싫었던 거니! 피식 웃음까지 나왔다. 어쩌면, 내 몸이 또다시 나에게 알려주는 것일까. 마음을 도닥이기도 했고, 짧게나마 용기를 내어 움직여도 보았으니, 이제야말로 내 자신의 몸과 마음을 온전히 살펴보라는 신호인지도 모른다. 이번 질병은 식단 조절도 철저히 해야 했고, 금기시해야 할 것들도 많았으며, 더욱 철저히 시간을 지켜 약을 먹어야 하기도 했다. 예전보다 더 철저히 나만 생각하며 보살피는 시간이 필요한 것이었다. 대충 때우던 식사도 자연식으로 바꿔야 했다. 신선한 재료를 첨가물 없이 섭취하는 것이 중요했으며, 가공식품들을 끊어야 했고, 육류 섭취에도 제한이 생겼다. 당장 뭘 먹고 살지? 라는 질문이 머리에 바로 떠오를 정도였다. 하지만, 투정 부리지 않았다. 화를 내지도 않았다. 순응하기로 했다. 이렇게 병이 찾아온 데에는 이유가 있을 테니까. 내 몸이 나에게 하고 싶은 말이 있는 것일 테니까 말이다. 참 고마운 일이지 않은가. 주치의가 딱 붙어서 미리 체크하고 예방해 주면 좋을 테지만, 그래도 최악의 상황까진 가지 않았으니 말이다. 정신 차리고 나를 돌보라고 이야기해주니 그래도 다행이다 싶다. 이제는 정말 몸을 돌볼 때이다. 10년 넘게 마음을 돌보며 단련이 되었으니 이제는 신체를 잘 보듬어 앞으로의 날들에 대비하라는 신호다. 이번 아픔도 얼마나 지속될지 모른다. 일이 년으로 끝이 날지, 몇 년으로 늘어날지는 모른다. 내년 검사에 따라 수술이 결정될지도 모른다. 하지만, 그때까지 이 녀석과 잘 지내볼 예정이다. 내 마음에도 몸에도 수시로 무엇이 필요한지 들여다보고 묻고 하면서 말이다. 우여곡절이 많이 있겠지만, 이 병이 끝나고 난 뒤에 난 또 어떻게 변해 있을지 모르지만, 지금보다는 조금 더 성장한 모습일 거란 사실만은 확신한다. 지난 14년간의 투병이 그저 아픔에 그치지 않고 나를 한 걸음 앞으로 나아가게 해주었으니 이번 투병은 두 걸음 앞으로 나아가게 할지 모를 일이다. 그러니 다시 한번 가만히 인사를 건넨다. '안녕? 새로운 너로구나. 이번에도 잘 부탁해.'

갑상샘 기능항진증 (hyperthyroidism)

갑상샘 기능 항진증은 갑상샘에서 분비되는 호르몬(T3 및 T4)이 알 수 없는 원인에 의해서 과다하게 분비되어 갑상샘 중독증을 일으키는 상태를 말한다. 갑상샘 기능 항진증을 일으키는 가장 주요한 원인은 Graves병이다. Graves병의 원인은 명확하게 밝혀지지 않고 있다. 그러나 환자의 혈중에서 갑상샘 자극물질이 다수 발견되고 있고 또한 그것들이 갑상샘에 대한 항체라는 사실을 알 수 있다. 이러한 연구를 통해 Graves병은 갑상샘 자극작용을 갖는 갑상샘 자가항체에 의한 일종의 자가면역질환(autoimmune disease)이라고 여겨지고 있다.

식욕이 왕성함에도 불구하고 오히려 체중이 감소한다. 많이 먹어도 배가 고프다. 먹지 못하면 손이 떨린다. 더위를 참지 못해 여름에 약하다. 병이 호전되고서야 겨울이 춥다는 것을 알게 되었다. 맥박이 빨라지며(빈맥), 두근거림이 나타나 자신의 2심방 2심실의 위치를 정확하게 알 수 있다. 대변 횟수가 증가한다. 피로감, 무력감이 심해진다. 집 앞 슈퍼에서 잠시 장 보는 일도 너무 피곤하다. 우울감, 불안감 및 초조함이 나타나며, 가슴이 아프다고 느끼거나 숨이 차다고 느낄 수 있다. 근력 약화로 인한 근육 마비가 올 수 있다. 다리에 쥐가 많이 나는데 심지어 무릎에도 쥐가 날 수 있다. 머리카락이 가늘어지며 탈모 증상이 나타나기도 한다. 머리숱이 많아 미용실에서 눈치가 보였는데 이제는 그럴 일이 없다. 눈이 튀어나오거나 안구 건조증 및 각막염, 복시(사물이 겹쳐 보임)등의 증상이 나타나기도 하는데, 이를 그레이브스 안병증(Graves' ophthalmopathy)이라고 한다. 또한 갑상샘 기능 항진증이 심하면 사망에 이르게 되는데 이 경우 갑상샘 기능 항진증의 발작 또는 급성 발작이라고 한다. 첫 진단 당시 주치의가 걱정했던 부분도 이 급성 발작이었다.

 혈액검사를 통해 혈액 내 갑상샘 호르몬 농도를 측정하여 진단할 수 있다. 갑상샘 기능 항진증 환자의 경우 갑상샘 호르몬(T4 또는 T3)의 혈액 내 농도가 정상치보다 높게 나타난다. 치료방법으로는 갑상샘 호르몬의 생산을 억제하는 방법이 있다. 흔히 항갑상선제를 사용한 약물치료를 시행하는데, 항갑상선제 복용을 중단할 경우 재발률이 높은 것이 단점이다. 항갑상선제는 대부분 부작용이 없는 안전한 약물이지만 드물게 무과립구증, 혈관염 및 간 기능 장애를 동반할 수 있다. 약물 부작용은 아니지만 내복약을 장기간 복용하기 때문에 내분비샘의 문제들을 일으킬 수 있다.(본인의 경우 고혈압이 생겼으며, 당뇨 체크를 계속하고 있는 중이다.) 약물 치료 외에 갑상샘을 절제하는 수술 요법이나 동위원소(방사성요오드 치료)를 이용하여 갑상샘을 파괴하는 방사성 동위원소 치료가 사용된다. 그러나 방사성 동위원소 치료의 경우 향후 갑상샘 기능 저하증이 발생할 수 있으며 임신이나 수유 시에는 절대로 받을 수 없다. 치료하지 않을 경우 갑상샘 중독증 위기(고열, 부정맥, 심부전) 등으로 사망할 수도 있다. 또한 흡연이 질환의 악화 요인으로 알려져 있어서 반드시 금연해야 한다.

에필로그

왜 하필 '고질'이라는 키워드를 선택했을까? 접근성이 좋은 주제도 얼마든지 있었을 텐데 말이다. 공저 프로젝트를 시작한 이유는 단순했다. 나 역시 공저 참가를 계기로 글을 쓰기 시작했으니까. 과연 내가 글을 쓸 수 있을까 싶었지만 두 눈 질끈 감고 저질러 버렸다. 겨우 한 꼭지의 글이었지만 활자로 전환된 삶은 가지런했다. 난생처음 치유의 힘을 맛보았다. 어쩌다 보니 10권의 책을 냈고 편집까지 하고 있지만 시작은 단 한 편의 글이었다. 글쓰기를 통해 나를 되찾았고 새로운 문을 열었다. 내가 경험한 글쓰기에 깃든 치유와 성장의 힘을 나누고 싶었다. 글쓰기 챌린지를 시작했고 라이팅 클럽을 열었다. 첫 책 쓰기 프로젝트를 시작하고 에세이 A/S센터를 오픈했다.

마음속에서는 이러한 일이 일어나고 있었던 듯하다. 윤

정은 작가님의 『어떤 육아 두밤 여행』과 『내가 그린 오티즘』을 읽고 내가 몰랐던, 내가 알아야만 했던 세상을 알게 되었다. 우연이었을까? 아님 필연이었을까? 편집 작업에 참여한 『끝에서 바라본 시작』은 백혈병을 이겨낸 청년의 이야기였다. 『장아람 재단 30주년 기념북』은 장애아동을 사랑하고 지켜온 사람들의 이야기였다. 글쓰기 챌린지와 각종 글쓰기 모임을 진행하며 누구 하나 아프지 않은 삶이 없음을 뼈저리게 느꼈다. 그래서 '고질'이라는 주제로 공저에세이 프로젝트를 시작하게 된 거다. 우리 이웃의 이야기를 하고 싶었다. 우리, 모두 같은 사람임을 이야기하고 싶었다. 우리가 함께 살아가는 세상을 꿈꿨다. 이야기를 통해 서로를 조금이라도 이해할 수 있길 바랐다. 몸과 마음의 병을 안고 여기까지 헤엄쳐 온 그들 삶의 이야기를 전하고 싶었다. 삶의 질곡을 활자로 전환하며 지금까지 걸어온 길을 납득하고 자신이 헤쳐 온 발걸음마다 승리였음을 깨닫게 만들고 싶었다. 이번 프로젝트를 통해 두 번째 삶을 시작할 수 있기를 바라는 간절함이 있었다.

11개의 이야기를 모두 모은 날. 편집 작업을 하며 이런 생각이 들었다. 어쩜 이렇게나 다를까. 글을 보면 그 사람이 보인다는데 저마다 풀어내는 방식이 달랐다. 처한 상황이 다르니 이야기의 색깔이 다른 건 당연한 일인지도 모른다. 그런데 어쩜 이렇게나 같을까. 저마다 다른 길을 걸어왔는데 어쩜 이렇게나 다들 빛이 날까. 눈물이 흘렀다. 그들의 이야기를 세상에 내어놓기 위해서는 소시오패스가 되어야 한다고 다짐했었다. 그들에게 건네는 말들은 다정했지만 원고를 대하는 마음은 군대의 5분 대기조, 매일 수능을 치르는 수험생, 환자를 수술하는 외과의와 같았다. 11번째 이야기를 마주한 순간 일곱 개의 드래곤볼을 모은 손오공이 된 기분이었다. 마침내 소원이 이뤄진 느낌이었다. 11개의 별을 위해 밤이 되기로 했다. 어둠 속에서 저물지 않는 별자리를 띄우기 위해 온힘을 다하겠다고 다시 한번 다짐했다.

옳은 일을 하는 사람이 승리하는 세상보다 옳은 일을 하는 것만으로도 승리라 여기는 세상을 꿈꾼다. 좋은 일을 하는 사람이 상을 받는 세상보다 좋은 일을 하는 것만으로도 기쁨이라 여기는 문화를 꿈꾼다. 대단한 일을 한 사람만 인정받는 세상보다 자신의 자리를 지키는 모두가 존중 받는 세상을 꿈꾼다. 서로를 세상이라 여길 때 근사한 세상이 열릴 것을 믿는다. 그들이 살아온 삶이 위로가 되리라 믿었다. 그들의 삶이 희망의 증거라 확신했다. 그들의 '헤엄'을 지켜보며 생을 헤쳐 나갈 힘을 얻기를 바랐다. 그들이 일으킨 파도를 따라가며 당신의 머리 위에 떠있는 무지개를 발견하기를 바란다.

기획작가 김 민

고질라와 헤엄치다

2025년 9월 22일 초판 1쇄 발행

글 신지은, 박혜지, 이윤지, 윤영, 현지영, 천민지, 유키, 최은혜, 김동미, 이해윤, 희우
일러스트 정다미 **인스디그램** @daemrawing
편집 김민 **발행인** 박윤희

발행처 도서출판 이곳   **디자인** 디자인스튜디오 이곳
등록 2018. 10. 8 신고번호 제2018-000118호   **이메일** bookndesign@daum.net
홈페이지 https://bookndesign.com   **팩스** 0504.062.2548
블로그 blog.naver.com/designit   **인스타그램** @book_n_design

저작권자 ⓒ 신지은, 박혜지, 이윤지, 윤영, 현지영, 천민지, 유키, 최은혜, 김동미, 이해윤, 희우
ISBN 979-11-93519-33-2(03800)

- 이 책은 저작권법에 따라 보호받는 저작물이므로 무단전재와 무단복제를 금지하며, 이 책 내용의 전부 또는 일부를 이용하려면 반드시 저작권자와 "도서출판 이곳"의 서면동의를 받아야 합니다.
- 잘못 만들어진 책은 구입하신 곳에서 교환해드립니다.
- 값은 뒤표지에 있습니다.

도서출판 이곳
우리는 단순히 책을 만들지 않습니다.
작가와 책이 마주치는 이곳에서 끊임없이 나음을 넘어 다름을 생각합니다.